AF475191

MÉMOIRES

POUR SERVIR A

L'HISTOIRE DE LA CAMPAGNE DE 1812

EN RUSSIE.

PRÉFACE.

Beaucoup d'écrivains militaires du plus grand mérite ont publié des ouvrages sur la campagne de 1812. Mais n'ayant pas à leur disposition tous les documents nécessaires pour bien apprécier les événements, ils n'ont pas toujours présenté avec exactitude les opérations de l'aile droite de la grande armée.

Cette fraction de l'armée de Napoléon était sous les ordres du plus jeune de ses frères, Jérôme, roi de Westphalie. Composée de Polonais, de Saxons, de Westphaliens et d'un corps de cavalerie considérable, elle eut pour mission, d'abord, de couvrir le grand-duché de Varsovie et plus tard de poursuivre le prince Bagration, coupé de Barclay de Tolly dès le début de la campagne. Jérôme devait tenir la deuxième armée russe de l'ouest en dehors de son centre d'opération et l'empêcher de percer sur sa droite pour rallier les principales forces d'Alexandre.

Le Roi de Westphalie avait en ligne près de 80,000 hommes, et Napoléon dirigea de Wilna vers lui, le prince d'Eckmühl avec 40,000 combattants pour manœuvrer sur le flanc de l'ennemi. Une fois réunis, ces deux généraux devaient écraser l'armée russe qui battait en retraite devant eux.

Cette belle combinaison échoua au moment où rien ne s'opposait plus à sa réussite. Presque tous les historiens ont attribué ce non-succès au Roi de Westphalie. Presque tous, fondant leur opinion sur quelques lettres très dures écrites à Jérôme par l'Empereur (1), ont reproché au commandant de de l'aile droite :

(1) Il n'y a peut-être pas un seul des maréchaux de l'Empereur ayant eu des commandements importants, dont les dossiers ne renferment des lettres au moins aussi dures. (Les Archives de la guerre offrent la preuve de ce que nous avançons.) Napoléon cédait facilement à un premier mouvement d'irritation toujours très violent, et exigeait volontiers de ses lieutenants plus qu'ils ne pouvaient faire, afin d'obtenir ce qu'il désirait.

1° D'avoir fait à Grodno un séjour inutile et fâcheux;

2° D'avoir poursuivi Bagration avec mollesse;

3° D'avoir quitté le commandement des troupes qui lui avaient été confiées, par un mouvement d'amour-propre froissé.

Pour écrire l'histoire, il ne suffit pas de vouloir être impartial, il faut, avant tout, pouvoir consulter des documents authentiques, irrécusables, nombreux et puisés à bonne source, ou avoir été en position d'apprécier par soi-même; il faut être décidé à ne sacrifier à aucune considération personnelle.

Or, jusqu'ici aucun auteur n'a eu à sa disposition les pièces qu'il nous a été donné d'étudier, et n'a pu puiser aux mêmes sources que nous.

L'ouvrage que nous publions n'a pas été uniquement écrit pour justifier le Roi de Westphalie des fautes qui lui sont reprochées, notre but principal a été de fournir des documents nouveaux et importants à l'histoire de cette mémorable campagne, de rectifier des erreurs et d'expliquer quelques faits inconnus.

Aucun écrivain n'a expliqué les causes véritables qui contraignirent le Roi de Westphalie à séjourner quatre jours à Grodno, et à quitter l'armée à Nesvij.

Rien ne nous sera plus facile que de démontrer que ce séjour de Jérôme à Grodno, loin d'être volontaire, fut *forcé;* que sa poursuite contre l'armée de Bagration fut pleine de vigueur et de sagesse, qu'elle fut telle en un mot, que le général russe ne put percer sur le camp retranché de Drissa, ainsi qu'il en avait l'ordre de Barclay de Tolly; que le Roi de Westphalie le maintint toujours sur sa droite, ne le perdit pas de vue, et manœuvra de telle sorte que l'aile droite de l'armée française se trouva à un moment donné et opportun, réunie tout entière. Il nous sera facile encore d'expliquer le retour de Jérôme dans ses Etats, et de prouver qu'à sa place et dans sa position, peu d'hommes eussent agi autrement.

Quelques auteurs ont attribué son départ à un ordre de l'Empereur, le fait est faux; d'autres ont prétendu qu'il avait voulu emmener avec lui l'armée westphalienne formant le 8e corps, cela est également faux. Chambray et Boutourlin disent: le premier, « A Nesvij, Jérôme reçut des dépêches » dans lesquelles Napoléon se plaignait de la len- » teur de sa marche et l'en réprimandait; bientôt

» après Davout lui transmit l'ordre qui le mettait » sous son commandement. Blessé du peu d'égards » avec lequel le traitait son frère, il quitta brus- » quement l'armée pour retourner dans sa capi- » tale, etc. »

Cette appréciation ferait croire que Jérôme ignorait l'ordre secret donné à Davout, de prendre le commandement de l'aile droite comme le plus ancien général, en cas de réunion de ses troupes avec celles du Roi de Westphalie. Or, cet ordre du 6 juillet avait été envoyé à Jérôme aussi bien qu'au prince d'Eckmühl ; tous deux le reçurent en même temps. Le commandant de l'aile droite fut justement blessé des exigences inconvenantes de Davout et non de l'ordre de l'Empereur.

Il ne quitta pas l'armée aussi brusquement que le dit Chambray, puisqu'il prévint l'Empereur, le maréchal Davout et les corps sous ses ordres.

Boutourlin écrit :

« Napoléon, mécontent de la poursuite molle de » son frère, lui *ôta* son commandement de l'armée » et mit le corps de *Junot* et de Poniatowski ainsi » que la cavalerie de Latour-Maubourg sous les » ordres du maréchal Davout qui les attira à soi. »

Presque autant d'erreurs que de mots. Napoléon

non seulement n'ôta pas le commandement à Jérôme, mais il fit tout ce qui dépendait de lui pour que le Roi de Westphalie le reprît après s'en être démis volontairement. Junot ne commandait pas encore les Westphaliens, alors sous les ordres du général Tharreau. Si Davout eût pris le commandement de l'aile droite, dans les conditions de l'ordre secret du 6 juillet, l'Empereur ne lui aurait pas fait adresser les reproches contenus dans la lettre du major-général en date du 20 juillet.

La cause du départ de Jérôme est bien simple :

Le prince d'Eckmühl, profitant d'un ordre secret de l'Empereur pour satisfaire à des ressentiments personnels contre Jérôme, donna *une fausse* interprétation à cet ordre, et voulut soumettre le Roi de Westphalie à des exigences telles, que ce dernier préféra abandonner son magnifique commandement. Cependant, comme l'ordre de l'Empereur, quoique mal interprété, mettait les troupes de l'aile droite entre les mains de Davout, Jérôme ne voulut pas être un obstacle, il se sacrifia, et la suite a malheureusement prouvé que ses prévisions étaient justes, car le prince d'Eckmühl ne fit pas ce qu'on était en droit d'attendre de lui, quoiqu'il eût seul le commandement de l'aile droite, qu'il avait exigé d'une façon si violente.

En effet, au lieu de livrer à Bagration une bataille décisive, au lieu de contraindre les Russes à combattre contre des forces bien supérieures aux leurs, Davout balança, tergiversa, manœuvra pour gagner la Bérésina avant Bagration et finalement malgré son beau combat de Mohilew, laissa la 2e armée de l'ouest rallier la première, ce que Jérôme avait empêché jusqu'alors. C'est au moment où Jérôme, par une bataille décisive dont toutes les chances étaient en notre faveur, allait couronner ses opérations contre Bagration, que le prince d'Eckmülh voulut faire valoir l'ordre éventuel de l'Empereur, qu'il força le Roi de Westphalie à partir, et à ne pas profiter des avantages que les commencements de la campagne avaient si bien préparés. Tout cela est positif, prouvé par des pièces irrécusables. Napoléon témoigna son mécontentement à Davout par une lettre dans laquelle il lui fit dire qu'il avait outrepassé ses instructions et qu'il n'était pas en droit d'exiger, à ce moment, le commandement de toute l'aile droite, l'éventualité prévue ne s'étant pas réalisée.

Ensuite, il faut le reconnaître, les Russes se mon

trèrent, dans cette circonstance, dignes de leurs adversaires. Le prince Bagration manœuvra avec autant d'adresse que de prudence. Il fit des marches rapides et hardies, décidé à sauver son armée ou à périr avec elle. Sa retraite fut des plus habiles et sa persévérance aussi bien que la patience de ses troupes méritent de grands éloges.

Nous le répétons, si ces mémoires nous imposent le devoir de rectifier des erreurs capitales dans lesquelles sont tombés la majeure partie des auteurs militaires, ils ont un mérite que nous osons revendiquer, celui de fournir à l'histoire des documents de la plus haute importance, inconnus jusqu'à ce jour.

AVANT-PROPOS.

Notre but, en publiant cet ouvrage, n'est pas de donner une histoire complète de la campagne de 1812, ni même d'une partie de cette guerre de Russie, si désastreuse pour nous, malgré la gloire qu'y ont acquise nos armées. Les documents mis à notre disposition concernent spécialement la droite de la grande armée, et ne vont pas au delà de la fin du mois de juillet : mais comme la plupart de ces documents sont d'une grande importance historique et militaire, nous avons cru devoir les faire connaître aux auteurs qui ne reculeront pas devant une histoire complète de notre lutte avec le colosse du Nord. Les pièces officielles que nous livrons à la publicité sont presque toutes inconnues. Les militaires peuvent y puiser de bons enseignements, et les hommes qui aiment à s'instruire auront peut-être, en les lisant, occasion de comprendre et de rectifier des faits qu'ils croyaient tout autres qu'ils ne se sont produits réellement.

LIVRE PREMIER.

Situation politique des principaux États de l'Europe au commencement de 1812. — Lettre de l'Empereur au roi de Westphalie. — Fractionnement de la grande armée en aile droite, centre et aile gauche. — Lettre de l'Empereur sur l'organisation du contingent de la Westphalie. — Ordres donnés par Napoléon au major-général pour l'organisation des corps de la grande armée, de la cavalerie, et pour la mise en mouvement des troupes françaises et alliées. — Instructions pour le roi de Westphalie, le Vice-roi d'Italie et le prince d'Eckmühl. — Activité de Napoléon. — Les Russes se tiennent sur la défensive, et semblent ignorer les dispositions de la France. — Le roi de Westphalie se rend à Kalisch. — Lettre de l'Empereur, du 10 avril. — Résumé sommaire de la position dans laquelle se trouvent à la fin d'avril tous les corps de la grande armée.

On a bien souvent reproché à Napoléon son amour pour la guerre, son esprit conquérant, ses entreprises gigantesques. C'est à ces causes que beaucoup d'historiens ont attribué les malheurs de la France. Qu'avait-il besoin, a-t-on dit et répété maintes fois, de marcher sur Berlin en 1806, sur Vienne en 1809, sur Moscou en 1812?...

Comme tous les monarques qui ont senti en eux-mêmes assez de génie pour aspirer à une domination universelle, comme Alexandre, comme César, comme Charlemagne, comme tous ceux enfin qui ont tenté d'amener les nations d'un même continent à adopter leurs grandes et fécondes idées, et qui, afin d'atteindre à cette apogée de la puissance d'un homme, n'ont reculé devant aucun moyen secondaire, Napoléon n'a jamais sans doute hésité à faire de la guerre un élément pour atteindre le but d'un rêve, qui est devenu presque une réalité ; mais la guerre n'était pas l'unique levier sur lequel il désirait s'appuyer pour forcer l'Europe à adopter franchement son système. A la victoire matérielle il eût préféré de beaucoup la persuasion. L'Angleterre ne le lui permit jamais. Si l'on déchirait de l'histoire de la vie glorieuse de l'Empereur les pages qui ont trait à la conquête de l'Espagne, on pourrait facilement prouver, en s'appuyant sur des documents authentiques et irrécusables, que quand il entreprit une guerre, il y fut toujours contraint par ses ennemis, sous peine d'abandonner ses vastes projets, de se mentir à lui-même.

La campagne de 1812 est une de ces entreprises contre lesquelles on s'est le plus élevé, et cela se conçoit: cette expédition fut suivie d'effroyables désastres pour notre armée, la plus belle du monde ; elle commença la série de nos glorieux revers. Tout le monde d'ailleurs n'est pas à même de comprendre et d'apprécier les motifs de haute politique qui forcèrent Napoléon à franchir le Niémen. Qui sait cependant à quelle hauteur eût atteint notre patrie, quelle eût été sa puissance, si des événements, impossibles à prévoir, n'étaient venus faire avorter les plans les mieux combinés, les projets les plus vastes et peut-être les plus sagement étudiés par le grand capitaine? Mais comment prévoir cette catastrophe de Moscou qui n'avait jamais eu de précédent dans l'histoire, et dont l'exemple ne sera vraisemblablement jamais imité par aucune nation ? Qui pouvait présumer que les éléments se joindraient à l'horrible dévouement des Moscovites, et pèseraient d'un poids si terrible dans la balance des combats? Certes, il ne fallait rien moins que ces circonstances tout exceptionnelles pour changer si subitement en désastres les victoires les plus glorieuses et les plus décisives, pour sauver la Russie et détourner de l'Angleterre, notre éternelle ennemie, les coups inévitables que s'apprêtait à lui porter la France.

Pendant toute la Révolution, la politique de l'Angleterre, son or surtout, poussait les uns contre les autres les peuples de l'Europe. En 1812, la Russie, excitée par cette puissance, ne reculait plus devant la guerre. La France et elle étaient prêtes à se joindre, à s'étreindre, à commencer cette lutte terrible qui devait se terminer seulement dans les plaines de Waterloo, trois années plus tard.

Notre patrie, contrainte par la fatalité, se préparait à cette lutte, mais ne la désirait pas. Elle avait alors les plus belles chances pour en sortir victorieuse et toute puissante, pour changer à son avantage la face du monde entier ; pourtant elle hésitait à entraîner dans sa querelle tant de peuples divers.

Rien, du reste, ne saurait mieux peindre l'état de la question européenne dans les premiers jours de 1812, et donner une idée plus juste des sentiments de Napoléon ; rien ne saurait mieux prouver combien, dans l'intérêt de sa politique, il désirait éviter la guerre avec la Russie, et quels efforts il était décidé à faire pour atteindre ce but, tout en sauvegardant l'honneur de la France, que la lettre adressée par lui-même à son frère le roi Jérôme, pour l'engager à mettre sur pied le contingent westphalien.

« Monsieur mon frère, divers indices m'avaient depuis longtemps fait craindre que l'empereur de Russie n'eût cessé d'être dans les sentiments de Tilsitt. Un ukase, publié en décembre 1810, blessait essentiellement les intérêts de la France et de la Confédération; il était avantageux à l'Angleterre ; il était contraire au traité de Tilsitt. Cependant je m'étais abstenu de toute espèce de plainte, me bornant à des représentations tout amicales. Au mois d'avril suivant, l'empereur de Russie fit remettre par ses ministres, près des différentes cours, une protestation relative à l'Oldenbourg. Je dus être d'autant plus étonné d'une démarche si singulière, que, prévenant les vœux de la Russie, j'avais, dès le principe, offert pour le duc d'Oldenbourg une indemnité convenable. Je ne pensai toutefois qu'à réitérer cette offre. La Russie paraissant ne point agréer l'objet proposé en indemnité, je la pressai de faire connaître ce qu'elle désirait. Enfin, je mis tout en usage pour arrêter les conséquences d'un acte public, qui, bien qu'il parlât de la conservation de l'alliance, devait naturellement faire succéder la méfiance à la bonne harmonie qui avait régné entre les deux cours. Au lieu de s'expliquer, la Russie affaiblit son armée du Danube, évacua la droite de ce fleuve, retira de la Finlande une partie des troupes qui occupaient cette province si récemment conquise, et réunit toutes ses forces disponibles sur les frontières du duché de Varsovie. Le territoire de la Confédération se trouva ainsi menacé, au point que je fus obligé de faire rétrograder les troupes du duché sur la Vistule, afin de pouvoir les appuyer en cas d'attaque soudaine. Dès le commencement de ces mouvements de la Russie, mon premier soin avait été de pourvoir à la défense de Dantzik, qui est un des boulevards de la Confédération, et d'en rendre la garnison respectable; ce qui me mit dans le cas de requérir dès lors une partie des contingents, et d'écrire pour cet effet à Votre Majesté, qui envoya l'un de ses régiments dans cette place. Peu de temps après, un envoyé du Brésil, transporté sur une frégate anglaise, fut reçu à Saint-Pétersbourg comme ministre d'une puissance amie, quoique en vertu de l'alliance de Tilsitt la Russie doive être en état de guerre avec la maison de Bragance. Je désirais la paix; j'avais intérêt à la conserver, puisqu'une partie de mes troupes était en Espagne. Mais quand la Russie appuyait la violation des traités par l'appareil des armes, j'ai dû aussi recourir aux armes. Cette précaution est plus que justifiée aujourd'hui par la levée extraordinaire de quatre hommes sur cinq cents, qui vient d'être ordonnée dans toute l'étendue de l'empire russe, sans que la Russie se soit expliquée sur sa protestation ni sur son ukase, sans que ses troupes aient quitté les positions qu'elle leur a fait prendre dans le voisinage du duché. J'ai dû rassembler mes armées, les former et rétablir mon matériel de guerre. Ces préparatifs ont employé une année. Maintenant, trois cent mille hommes vont traverser l'Allemagne et se porter sur les frontières de la Confédération, non dans des sentiments hostiles, mais pour que mes armées se trouvent aussi près de la Vistule que les armées russes. Je chargerai, quand il en sera temps, mon ministre de répondre à la protestation relative à l'Oldenbourg, que les affaires de ce pays sont réellement étrangères à la Russie; que le duc, requis, lors de la dernière guerre, de fournir son contingent, ne l'avait pas fait; que, n'ayant point rempli les devoirs de confédéré, il en avait perdu les droits; que cependant, et par amour de la paix, j'ai offert pour lui une indemnité convenable, et que je suis prêt encore à la lui donner. Tout en adoptant le principe, la Russie n'a pas dit ce qu'elle voulait, et j'ai dû penser qu'il était dans ses intentions de demander Dantzik et une portion quelconque du territoire de la Confédération, Si, en effet, elle n'avait pas eu à faire des propositions contraires au traité de Tilsitt et à mes principes, et que je ne pourrais entendre sans y répondre par les armes, aurait-elle armé, et depuis un an refuserait-elle de s'expliquer? Je suis loin toutefois d'avoir perdu l'espoir de la paix. Mais puisqu'on admet envers moi le procédé funeste de négocier à la tête d'une puissante et nombreuse armée, il est de mon honneur de négocier aussi à la tête d'une armée nombreuse et puissante. Je ne veux point commencer les hostilités; mais je veux me mettre en mesure de les repousser.

Je ne veux point violer le territoire russe ; mais je veux être prêt à faire repentir quiconque violerait le territoire de la Confédération. Je désire, en conséquence, que le contingent de Votre Majesté se réunisse et soit prêt à entrer en campagne le 15 février prochain. Je la prie de me faire remettre l'état de son contingent en officiers généraux, officiers d'état-major, infanterie, cavalerie, artillerie avec caissons et équipages, et tel qu'elle est dans l'intention de l'organiser.

» Sur ce, je prie Dieu, monsieur mon frère, qu'il vous ait en sa sainte et digne garde.

» Paris, 27 janvier 1812. »

Cette lettre prouve que si Napoléon paraissait nourrir encore une faible espérance de voir la guerre conjurée, il était loin de se départir de sa prudence habituelle. Il s'apprêtait, comme il l'avait toujours fait, à prévenir son ennemi, à concentrer des masses le plus près possible du point sur lequel il voulait frapper les premiers coups. Appuyer par les armes les négociations de ses plénipotentiaires, et repousser au besoin toute tentative d'agression de la part de l'empereur Alexandre sur les états de la Confédération germanique, et principalement sur le grand duché de Varsovie, tel était son but à la fin de l'année 1811 ; grâce aux dispositions qu'il allait prescrire, il pensait être bientôt à même de parer à toutes les éventualités. Nous allons le suivre pas à pas dans ses préparatifs de guerre. Il n'est pas sans intérêt de voir se dérouler ainsi les idées du grand homme, de reconstruire, pour ainsi dire, sa pensée, en étudiant les ordres qu'il donne à ses lieutenants, et de lui voir tracer la marche que ces derniers doivent suivre dans telle ou telle circonstance prévue. Mais, avant d'entrer dans ces curieux détails, jetons un coup d'œil rapide sur la situation des principaux états de l'Europe au commencement de l'année 1812.

La France, à son apogée depuis Wagram, commençait cependant à voir sa puissance sourdement minée par la résistance héroïque de l'Espagne. Les plus belles armées de Napoléon, ses plus vieux compagnons d'armes allaient successivement s'engloutir sur cette terre brûlante où les montagnes elles-mêmes semblaient prêtes à se soulever pour perpétuer la guerre. L'Angleterre avait trouvé dans la péninsule un aliment à sa politique, un foyer de résistance précieux à entretenir ; elle était disposée à tout sacrifier pour abattre l'homme dont le génie résumait en lui la force de la nation rivale.

L'Autriche était traînée à la remorque de la France depuis 1809, la Prusse depuis Tilsitt ; mais la première de ces deux puissances ne pouvait pas plus oublier Marengo, Ulm, Austerlitz et Wagram, que la seconde ne pouvait effacer de sa mémoire Iéna et Auerstaedt. Ces deux armées, forcées de marcher à la suite de nos divisions, de prendre parti pour nous contre les Russes qui les avaient si souvent soutenues dans leurs luttes, ne mettaient le pied qu'à contrecœur sur un territoire occupé par des gens qu'ils considéraient comme des alliés.

Les autres peuples de la Confédération germanique n'étaient guère animés de meilleurs sentiments à notre égard. La force retenait tous les contingents d'une partie de ces divers états sous nos drapeaux, ils marchaient avec nous, c'était incontestable, mais il était facile de prévoir qu'au premier revers ces alliés douteux pourraient bien se changer brusquement en adversaires déclarés.

Pour résumer en quelques mots la position respective des principales puissances de l'Europe, en 1812, nous dirons qu'elles étaient ainsi partagées. D'un côté, la France entraînant après elle, l'Allemagne centrale, l'Autriche et la Prusse, ayant pour alliée la Turquie alors en guerre avec l'empereur Alexandre ; d'un autre, la Russie fière de ses peuplades sauvages, de ses armées nombreuses, sûre de l'appui moral, des sympathies d'une partie des troupes alliées que Napoléon enchaînait à ses aigles, s'appuyant sur l'Angleterre, ayant pour faire diversion le Portugal et l'Espagne qui jouaient pour elle le rôle de la Turquie vis-à-vis de nous-mêmes. Quant à l'Angleterre, obéissant à son aristocratie, et comprenant le péril dont elle était menacée, puisque son existence était en jeu, elle usait de tous les moyens pour se mettre à l'abri de la foudre.

Dans la lettre adressée par l'Empereur à son frère, il est à peine question du blocus continental, cause principale cependant de la guerre contre la Russie. Nous nous contenterons de faire cette remarque, notre but n'étant pas de nous jeter dans les considérations politiques, mais de nous borner purement et simplement aux considérations militaires.

En prenant la résolution de rassembler en Pologne une des armées les plus considérables dont l'histoire fasse mention, Napoléon voulut confier les corps qui devaient en faire partie à ses meilleurs généraux. Il divisa ses troupes en trois masses principales réunissant chacune plusieurs corps, et leur donna le nom d'aile droite, de centre et d'aile gauche de la grande armée. Il confia le commandement de ces trois grandes fractions à des princes de sa famille : ainsi il mit à la tête de l'aile droite son frère Jérôme, roi de Westphalie, encore fort jeune puisqu'il n'avait que vingt-six ans, mais de la conduite et de la vigueur duquel il avait été très satisfait pendant les campagnes de Prusse et de Pologne. Il confia l'aile gauche au prince Eugène, son fils d'adoption, se réservant la direction immédiate du centre.

On s'est beaucoup élevé contre l'idée de confier à des jeunes gens, parce qu'ils sont princes, de grands commandements en face de l'ennemi ; sans doute cela peut avoir de très graves inconvénients ; cependant, si l'on réfléchit à la position particulière dans laquelle se trouvait en 1812 la grande armée, on comprendra cette idée de l'Empereur. La France n'était pas seule appelée à former l'armée envahissante ; une grande partie des troupes étaient étrangères ; il fallait pour les commander des hommes imposant le respect par leurs noms et par leurs positions, des hommes sur le dévouement desquels Napoléon pût compter, dont les intérêts fussent les siens propres. Beaucoup de maréchaux, de généraux même, sans avoir encore atteint le degré de démoralisation où ils arrivèrent deux ans plus tard, pendant la campagne de France, commençaient cette guerre sans plaisir, nous dirons presque avec dégoût; il n'était donc peut-être pas inutile de les placer sous les ordres de jeunes princes ayant le feu sacré, prêts à tout pour acquérir de la gloire et pour seconder les vues du chef de leur famille. Ces jeunes parents de Napoléon, on les retrouva pour commander l'armée après nos deux grands désastres; Eugène, lors du départ de Murat à Wilna, Jérôme à la retraite sur Laon, après Waterloo.

Aussitôt que le roi de Westphalie eut reçu la lettre de l'Empereur, il organisa son contingent pour être prêt à entrer en campagne. Il réunit ses troupes à Hall, laissant libres les villes de Brunswick, de Magdebourg et les pays environnants. Comme Napoléon ne lui avait pas fait connaître son intention de lui donner le commandement de toute l'aile droite, il crut devoir organiser les troupes de Westphalie de manière à en former une petite armée capable d'agir en quelque sorte isolément, et pouvant se passer au besoin d'auxiliaires; mais Napoléon ne comptait pas fractionner ainsi les contingents de ses alliés. Il voulait que les forces de chacun d'eux fissent partie d'une organisation complète et unique; aussi envoya-t-il des instructions au major-général, le 28 février, pour que Jérôme fît de ses 30,000 Westphaliens, non pas une armée indépendante, mais un corps d'armée. La lettre de l'Empereur à ce sujet étonnerait par les détails dans lesquels il entre, si l'on n'était habitué à voir son génie se plier à tout, et tout embrasser avec une facilité véritablement merveilleuse.

« Mon cousin, écrivez au Roi de Westphalie que son contingent se trouve organisé de manière à n'être point maniable à la guerre. Cette division en avant-garde, corps d'armée et réserve n'est pas celle qui convient. Mandez-lui qu'il doit former son corps d'armée en deux divisions d'infanterie et une brigade de cavalerie.

» 1re *division :* 9 bataillons d'infanterie, 1 régiment de hussards et 18 pièces d'artillerie outre l'artillerie des régiments.

» 2e *division* : 9 bataillons, 1 régiment de hussards et 18 pièces d'artillerie.

» La 1re brigade de cavalerie sera composée de 2 régiments de cuirassiers, des chevau-légers lanciers de la garde, des gardes du corps et de deux batteries d'artillerie à cheval de 12 pièces. Le train et les administrations doivent, ainsi que les équipages militaires, être répartis entre les divisions. Par conséquent, il y aura 4 brigades d'infanterie, dont 2 de 4 bataillons et 2 de 5 bataillons. Par ce moyen, il aura un corps d'armée très simple et facile à manier. Si les troupes qu'il a à Dantzig le rejoignent, les divisions se trouveraient de 11 bataillons chacune, ce qui n'empêcherait pas, dans les circonstances, de réunir les deux régiments de hussards avec les autres régiments de cavalerie, et d'en former une belle division de 2,500 chevaux, et de mettre tel bataillon d'infanterie qu'on voudrait en avant-garde. Mais mon intention est que l'organisation permanente soit en deux divisions et une réserve de cavalerie. Il est bon que cette réserve de cavalerie soit commandée par un général de brigade. Faites observer au Roi de Westphalie que les régiments de cavalerie sont bien faibles à 550 hommes. Il faudrait les porter chacun à 8 ou 900 chevaux, ainsi que le régiment de lanciers de la garde; car, devant l'ennemi, cela serait réduit à rien.

» Paris, 28 février 1812. »

Nous allons voir maintenant les ordres de Napoléon se succéder plus rapidement pour l'organisation complète de tous les corps de la Grande-Armée. Vers la fin de février, la guerre est imminente et prochaine; toute négociation est désormais à peu près inutile; d'un jour à l'autre il peut y avoir urgence à entrer en campagne. Il s'empresse de donner les instructions les plus précises au major général pour que dans les premiers jours de juin la Grande-Armée française soit non seulement organisée et mobilisée, mais pour qu'elle se trouve transportée sur les bords du Niémen et de la Vistule.

Il écrit au prince de Neuchâtel :

« Mon cousin, le corps d'armée polonais formera le 5e corps de la Grande-Armée. La 1re division portera le n° 16; la 2e division, le n° 17, et la 3e division le n° 18. Ce corps sera commandé par le prince Poniatowski.

» Le 6e corps de la Grande-Armée sera composé des Bavarois. La 1re division portera le n° 19, et la 2e division portera le n° 20. Ce corps sera commandé par le général Saint-Cyr.

» Le 7e corps sera formé par les Saxons. La 1re division portera le n° 21, et la 2e division portera le n° 22.

» Le 8e corps sera formé par les Westphaliens. La 1re division portera le n° 23, et la 2e division le n° 24.

» Le corps wurtembergeois ne formera qu'une seule division qui portera le n° 25.

» La division composée des brigades de Berg, de Hesse-Darmstadt et de Bade, que commande le général Daendels, ne formera qu'une seule division et portera le n° 26.

» A dater du 1er avril, les dénominations de corps d'observation de l'Elbe, de 2e corps de l'Elbe, de corps de l'Océan seront supprimées. — Le corps d'observation de l'Elbe prendra le nom de 1er corps de la Grande-Armée; il sera composé des 1re, 2e, 3e, 4e, 5e et 7e divisions, et sera commandé par le prince d'Eckmülh. — Le 2e corps de l'Elbe prendra le nom de 2e corps de la Grande-Armée. Il sera composé des 6e, 8e et 9e divisions, et sera commandé par le duc de Reggio. — Le corps d'observation de l'Océan prendra le nom de 3e corps de la Grande-Armée. Il sera composé des 10e, 11e, 12e et 25e divisions, et sera commandé par le duc d'Elchingen. — Le 4e corps de la Grande-Armée sera composé des 13ᵉ, 14ᵉ et 15ᵉ divisions.

» Vous donnerez ordre à la 25ᵉ division, composée des Wurtembergeois, de séjourner à Cobourg, et de partir, après un séjour, pour Gera, où elle recevra de nouveaux ordres. Cette division recevra l'ordre de faire partie du 3ᵉ corps. Il est nécessaire qu'elle n'ait connaissance de cette disposition qu'arrivée à Gera. Il est nécessaire également qu'elle ne reçoive l'ordre de départ que le 20 mars pour partir le 21.

» Donnez ordre au général Tharreau de se rendre à Cassel pour prendre le commandement d'une des divisions du corps westphalien. Écrivez au Roi de Westphalie que je lui ai envoyé le général Vandamme ; que je lui envoie le général Tharreau pour commander une de ses divisions ; que je fais choix d'un général de brigade capable pour être son chef d'état-major ; qu'il fasse partir ses bagages et sa maison militaire pour Hall, et qu'il vienne de sa personne avec très peu de monde à Paris. Il viendra incognito ; il n'y restera que deux ou trois jours, après quoi il ira rejoindre son corps d'armée. Sur ce, je prie Dieu qu'il vous ait en sa sainte et digne garde.

» Paris, 3 mars 1812. »

Ainsi, d'après les ordres formels contenus dans cette dépêche, à partir du mois d'avril 1812, la Grande-Armée se trouva prête à marcher au premier signal. Napoléon jusqu'alors avait envoyé des instructions basées sur l'hypothèse que les Russes se maintiendraient sur la défensive et n'oseraient franchir leurs frontières; ne voulant pas cependant, dans le cas contraire, laisser ses lieutenants dans l'embarras, et prévoyant tout, il fait adresser, le 16 mars, par le major-général de nouvelles instructions au prince d'Eckmühl, dont le corps est destiné à lier le centre et l'aile droite. Il fait connaître aussi ces instructions aux corps qui doivent former cette aile droite. Il écrit donc à Berthier :

« Mon cousin, faites connaître au prince d'Eckmühl que je lui ai envoyé les ordres de mouvement pour le 1er avril, dans la supposition que les Russes ne quitteront pas leur frontière et ne commenceront pas les agressions; que, dans ce cas, tout ce que j'ai ordonné s'exécutera littéralement, et que le principal sera de reposer les troupes, de bien les faire nourrir, d'organiser les ponts et têtes de pont de la Vistule, et d'être, en un mot, maître de partir de là pour commencer la campagne avec activité si les hostilités ont lieu. Mais si, au contraire, les Russes commençaient les hostilités et entraient en Prusse ou dans les états du Grand-Duché, le 5e corps, qui est de près de 40,000 hommes, et que commande le prince Poniatowski, serait appuyé par le 7e, qui est fort de 20,000 hommes, et par le 8e, qui est également fort de 20,000 hommes. Le roi de Westphalie, qui sera rendu le 1er avril à Crossen, à la tête de son contingent, et qui suivra sa marche jusqu'à Varsovie, prendra alors le commandement de ces trois corps qui seront commandés par le prince

Poniatowski et par les généraux Vandamme et Reynier, et avec ces trois corps verrait à couvrir Varsovie. Le 1er corps s'avançant sur l'Alle, sur Osterode, Allenstein et Gustade, menacerait de tourner les corps qui déboucheraient sur Varsovie par Grodno, et obligerait l'ennemi à garder le Niémen. D'ailleurs, aux premières nouvelles du prince d'Eckmühl, le 2e, le 3e et le 4e corps se mettraient en grande marche de Crossen, de Berlin, de Custrin et de Glogau, pour se diriger tous les trois sur Thorn, ce qui réunirait 250,000 hommes sur la gauche ; que j'ai décidé que le prince d'Eckmülh connût ces idées générales, afin qu'il se comportât en conséquence. Il est nécessaire que l'on ignore jusqu'au dernier moment que le roi de Westphalie doit commander ma droite. Si, au contraire, les Russes ne font aucun mouvement, le prince Poniatowski placera alors les Saxons et les Westphaliens entre Kalisch et Varsovie, pour les nourrir plus facilement. Le 1er corps fera son mouvement comme je l'ai ordonné, et les 2e, 3e et 4e corps, ainsi que la Garde, s'avanceront successivement et méthodiquement dans le courant d'avril. Le grand quartier-général sera à Berlin le 1er avril.

» Sur ce, je prie Dieu qu'il vous ait en sa sainte et digne garde.

» *P. S.* Le prince d'Eckmühl doit, au contraire, se faire annoncer à Varsovie avec tout son corps d'armée, comme s'il était destiné à s'y rendre.

» Paris, 16 mars 1812. »

Le même jour, Napoléon, décidé à porter rapidement ses principales forces sur les frontières de la Russie, vers le centre de la ligne occupée par les armées d'Alexandre, ordonne la mise en mouvement d'une partie des corps allemands ses auxiliaires. Le moment approche d'ailleurs où la tête de colonne de l'armée d'Italie, en marche pour le Nord, arrivera sur les bords de l'Elbe, et atteindra les premières places de la Silésie ; il expédie les deux dépêches ci-après :

« Mon cousin, donnez l'ordre au corps westphalien de passer, le 24, l'Elbe à Dessau, et de se diriger sur Crossen, de manière à y être arrivé le 1er ou le 3 avril. Instruisez également le prince d'Eckmühl du mouvement du corps westphalien sur Crossen, et que ce corps doit se rendre sur Kalisch, et de là sur Varsovie. Le prince d'Eckmühl activerait la marche de ce corps selon les circonstances, c'est-à-dire si les Russes commençaient les hostilités et menaçaient Varsovie, ce que je ne pense pas. S'il n'y a rien de nouveau, le corps westphalien se reposera quelques jours, et je lui enverrai moi-même des ordres avant le 10 avril pour continuer son mouvement.

» Sur ce, je prie Dieu qu'il vous ait en sa sainte et digne garde.

» Paris, 16 mars 1812. »

« Mon cousin, il y a une faute de rédaction dans ma dernière dépêche. Le corps saxon est à Güben et non à Crossen. Vous devez donc lui donner l'ordre simplement de partir de ses cantonnements actuels pour se rendre à Kalisch, le laissant maître de passer l'Oder où il le jugera convenable. Vous devez diriger les Westphaliens non sur Crossen, mais sur Sorau et Spremberg. Faites-leur faire de petites marches et donnez-leur des séjours tous les trois jours. Ils prendront deux jours de repos aux environs de Sorau et de Spremberg. Vous m'informerez du jour où ils arriveront sur ces deux points, afin que je donne des ordres pour leur faire continuer leur mouvement sur Glogau et Kalisch. Ainsi, au lieu d'arriver le 3 à Glogau, ils n'y arriveraient que le 5 ou le 6.

» *P. S.* Dites-moi donc quand les Bavarois et l'armée d'Italie arriveront à Glogau.

» Paris, 16 mars 1812. »

L'organisation de la cavalerie préoccupe également l'Empereur ; il va disposer pour cette campagne de 90,000 chevaux, qui doivent lui être d'un grand secours, puisque l'on agira presque toujours sur un terrain peu accidenté, et que les Russes ont en ligne, outre une nombreuse cavalerie régulière, une immense quantité de cosaques. Napoléon veut avoir sous la main cette masse imposante destinée à jouer un rôle des plus importants dans la campagne qui s'apprête ; il cherche à lui donner une grande mobilité. Tel est l'objet de sa lettre au major-général.

« Mon cousin, il y aura un 4e corps de la réserve, composé de la 4e division de cavalerie légère et d'une 7e division de grosse cavalerie. La 4e division de cavalerie légère sera composée de deux brigades, chacune de trois régiments polonais, avec une batterie de 6 bouches à feu d'artillerie polonaise par brigade. Un général de division polonais et deux généraux de brigade polonais commanderont cette division. La 7e division de grosse cavalerie sera composée d'une brigade de cuirassiers saxons et d'une brigade de cuirassiers westphaliens, ayant également douze pièces d'artillerie légère. Le général Lorge commandera cette division.

» Le général Latour-Maubourg aura le commandement de la cavalerie de toute la droite.

» Le 5e corps aura trois brigades de cavalerie légère, composées chacune de deux régiments polonais; ce qui emploiera encore six régiments polonais.

» Ainsi les seize régiments de cavalerie polonaise seront employés, savoir :

3 à la division Bruyère,
1 à la brigade Pajol,
6 à la division de cavalerie légère,
Et 6 avec les 3 brigades du 5e corps.

» Ces trois dernières brigades porteront les nos 18, 19 et 20.

» Les 6 régiments de cavalerie légère saxons seront employés de la manière suivante :

2 attachés à la division de réserve,
1 attaché à la division Kellermann,
3 — Les trois autres formeront brigade ; cette brigade portera le n° 23, et sera attachée au corps d'armée saxon.

6

» Des 4 régiments westphaliens, 2 feront partie de la 7e division de grosse cavalerie et 2 feront brigade, attachées au corps westphalien sous le n° 24.

» Je désire que vous me remettiez un état de situation ainsi composé de toute la cavalerie.

» Par ce moyen, je serai maître de faire passer une brigade de cavalerie légère d'un corps à l'autre, quand le bien de mes opérations l'exigera.

	brigades.
» Le 1er corps aura en conséquence.	
» Le 2e en aura 2	2
» Le 3e en aura 3	3
» Le 4e en aura 2	2
» Le 5e en aura 3	3
» Le 6e en aura 2	2
» Le 7e en aura 1	1
» Le 8e en aura 1	1
» Et les Prussiens qui formeront le 9e corps en auront 2 ou 3 . .	3
» Total des brigades attachées aux corps d'armée . . .	18 à 19

» Paris, 24 mars 1812. »

Les trois premiers mois de l'année 1812 avaient été employés à organiser complétement la Grande-Armée et à donner tous les ordres nécessaires. A la fin de mars, nous allons voir Napoléon mettre en mouvement tous les corps qui entreront en campagne dès que les hostilités seront dénoncées, ou bien dans le cas où les Russes attaqueraient les premiers.

Le 25, il fait envoyer au roi de Westphalie des

instructions très détaillées pour porter en avant le 8e corps formé de son contingent. En même temps, le major-général doit prescrire à Jérôme de ne prendre le commandement de toute la droite que si l'armée ennemie fait un mouvement offensif, et ordonner au prince d'Eckmühl d'éviter toute démonstration tendante à inquiéter les Russes; le but général étant de gagner ainsi le mois de mai.

Par une autre dépêche, il fait donner au Vice-roi d'Italie, qui arrive à la tête de son armée, des ordres pour sa marche sur l'Oder, et il le fixe sur la conduite qu'il aura à tenir selon les circonstances qui peuvent se présenter.

» Mon cousin, donnez ordre au corps westphalien de continuer son mouvement sur Glogau de manière à y arriver du 5 au 8 avril et de Glogau sur Kalisch. Il est nécessaire que le 9 avril il n'y ait plus un seul Westphalien à Glogau, puisque la tête de l'armée d'Italie y arrive. Il est convenable que ce corps arrive à Kalisch vers le 15.

» En instruisant le général Reynier qui commande le corps Saxon de ce mouvement, vous lui donnerez l'ordre de partir de Kalisch et de s'approcher de Pulawi et de Sandomir en prenant les meilleurs cantonnements entre Kalisch et la Vistule.

» Ecrivez au roi de Westphalie qu'il est nécessaire qu'il soit rendu de sa personne le 10 avril à Glogau où il trouvera le général Marchand et les généraux employés à l'aile droite, et que le 12 il soit à Kalisch; qu'il ne doit donner aucun ordre, ni prendre aucun commandement que sur son corps d'armée, à moins que les Russes n'aient fait un mouvement et déclaré la guerre en attaquant le grand duché ; auquel cas il devrait se rendre sur-le-champ à Varsovie et prendre le commandement de la droite, composée des 5e, 7e et 8e corps. Il sera muni d'ordres non cachetés pour le prince Poniatowski et le général Reynier annonçant à ces généraux qu'ils sont sous ses ordres avec leurs corps. Si les Russes ne font aucun mouvement, vous écrirez au roi qu'il doit rester à Kalisch, ignoré et commandant son seul corps.

» Vous instruirez de ces dispositions le prince d'Eckmühl. Vous le préviendrez que le roi de Westphalie doit être rendu le 12 à Kalisch ; que les Saxons s'approcheront de Pulawi et de Sandomir ; que le corps Westphalien sera réuni le 12 à Kalisch avec le roi ; que le général Marchand remplira les fonctions de chef d'état-major ; que si les Russes n'attaquent point et ne déclarent pas la guerre, en violant le territoire polonais ou prussien, mon intention est que le roi de Westphalie reste inconnu à Kalisch et ne prenne aucun autre commandement que celui de son corps ; que dans le cas contraire il se rende à Varsovie pour prendre le commandement de la droite ; qu'il est à cet effet porteur d'ordres pour le prince Poniatowski et pour le général Reynier ; qu'il est donc nécessaire qu'aussitôt que le prince d'Eckmühl apprendrait la déclaration de guerre par la marche des Russes sur les frontières du grand duché ou de la Prusse, il en prévienne le roi de Westphalie.

» Vous instruirez le prince d'Eckmühl que les bavarois seront le 10 avril à Posen ; que le 5 avril le 2e corps de cavalerie que commande le général Montbrun sera rendu à Francfort sur l'Oder ; que le ...... la division Verdier avec la brigade Castex et la 3e division de cuirassiers sera rendue à Stettin ; que la division de la garde que commande le général Laborde sera rendue à Stettin à peu près à la même époque ; que si les Russes ne font aucun mouvement on doit rester ici dans le *statu quo*, réparer Mariembourg, approvisionner Thorn, Dantzig et ne point bouger, puisque nous sommes toujours en paix et que je désirerais, dans cette situation, pouvoir gagner le mois de mai. Mais que si les Russes déclarent la guerre, le prince d'Eckmühl doit faire venir les Bavarois à Thorn, prévenir le duc d'Elchingen qu'il doit marcher sur Posen et le duc de Reggio qui marcherait sur la Vistule. L'armée d'Italie ne sera entièrement réunie à Glogau que le 15 avril.

» Le langage du prince d'Eckmühl doit donc être très pacifique. Il doit éviter toute reconnaissance ou mouvement militaire au-delà de la Vistule ; il faut qu'aucune de ses patrouilles n'aille même jusqu'à Osterode.

» Quant au contingent prussien, le général qui doit le commander sera rendu le 10 à Thorn. Il faut que le prince d'Eckmühl en emploie une partie pour garder Pillau, et placer l'autre partie sur le Niémen pour éclairer la marche des Russes ; bien entendu qu'en cas d'attaque, cela viendrait se réunir sur la

Vistule au corps du prince d'Eckmühl, qui, par ce moyen, aurait son corps d'armée, les Bavarois et les Prussiens sous la main, et ne tarderait pas à être joint par le duc d'Elchingen et par le duc de Reggio.

» Paris, 25 mars 1812. »

« Mon cousin, donnez ordre au Vice-roi de partir pour Glogau et d'y être rendu le 6 mai. Il restera là deux jours pour passer en revue les trois divisions et la garde royale qui forment le 4e corps, et il vous en enverra le rapport détaillé, en faisant porter ses dépêches par un courrier à Custrin où passe l'estafette.

» Le Vice-roi se portera ensuite sur Plock pour passer en revue le 6e corps. Il vous écrira fréquemment en envoyant des courriers à Posen où passe l'estafette. Il accélérera la formation de ses magasins à Plock et préparera tout pour bien cantonner sur l'une et l'autre rive son corps d'armée.

» Indépendamment de son chef d'état-major, il tiendra près de lui, pour l'aider, le général Planzonne qui est un officier de mérite.

» Le Vice-roi aura sous son commandement le 4e et le 6e corps d'armée et le 3e corps de cavalerie Grouchy, ce qui lui fera près de 80,000 hommes. Vous lui ferez connaître les lieux d'où il doit tirer ses subsistances, que sa droite va jusqu'à Modlin; que le roi de Westphalie est à Varsovie, commandant les 5e, 7e et 8e corps; qu'il a sur sa gauche le corps du duc d'Elchingen et plus loin le prince d'Eckmühl et le duc de Reggio; que jusqu'à ce que je sois arrivé il doit exécuter les ordres que lui enverra le prince d'Eckmühl, auprès duquel il doit tenir un officier; que le grand quartier général est à Posen; qu'il pourra pousser ses postes de cavalerie jusqu'à quatre ou cinq jours de Plock, sans cependant rien faire qui inquiète les Russes.

» Saint-Cloud, 30 avril 1812. »

Les intentions de l'Empereur ne peuvent plus être douteuses; il est certain que la guerre est désormais inévitable. Mais, pour porter les différents corps sur les frontières de la Pologne russe, pour rassembler le matériel indispensable à une aussi nombreuse armée, pour s'établir sur une bonne base d'opérations, y créer des places de dépôts ou mettre ces places à l'abri des coups de l'ennemi en cas de revers, il faut encore un mois, six semaines. Napoléon donne ses ordres en conséquence. Il croit que les Russes n'oseront pas bouger, et ses prévisions se réalisent. Pourtant il prévoit le cas où il en serait autrement, et il veut que tout soit prêt pour s'opposer aux tentatives sur la Prusse et sur le grand duché de Varsovie. Ces deux dépêches, envoyées au major-général et concernant le roi de Westphalie et le prince vice-roi, sont de la plus haute importance, car elles résument parfaitement la pensée de l'Empereur.

Nous voici arrivés au mois d'avril 1812, époque fixée pour la transformation complète de tous les corps de la Grande-Armée. Ces corps sont organisés: ils connaissent maintenant les généraux qui doivent les commander ; ces généraux ont reçu eux-mêmes les instructions suffisantes pour agir dans les diverses circonstances, mais ni les uns ni les autres ne possèdent encore la pensée entière de Napoléon. Le roi de Westphalie, le Vice-roi, le prince d'Eckmühl savent que dans tel cas ils doivent agir de telle manière et modifier leur conduite selon ce qu'il arrivera. Si les Russes restent paisiblement sur la rive droite du Niémen et de la Vistule, sans franchir les limites des pays soumis à leurs lois, Jérôme doit se rendre à Kalisch, se bornant à prendre le commandement du 8ᵉ corps ; Eugène, continuer sa marche sur Glogau, s'y arrêter un couple de jours pour passer en revue le 4ᵉ corps, et Davout éviter tout mouvement de nature à inquiéter nos ennemis. Puis, pendant ce temps, on réparera Marienbourg, on approvisionnera Thorn, Dantzig, on utilisera une partie du contingent prussien pour garder Pillau. Avec le reste, on éclairera les mouvements de l'ennemi sur le Niémen. On attendra ainsi, dans le *statu quo*, le mois de mai. Mais si, au contraire, les Russes se portent en avant et déclarent la guerre, alors les dispositions changent : le roi de Westphalie, informé par le prince d'Eckmühl, prendra immédiatement le commandement des 5ᵉ, 7ᵉ et 8ᵉ corps, et couvrira le grand duché de Varsovie ; le maréchal Davout, à la tête du 1ᵉʳ corps, appelant à lui les Bavarois qui sont à Thorn, le contingent prussien disséminé sur le Niémen, hâtera la marche des ducs d'Elchingen et de Reggio, et, avec ces forces, couvrira les frontières de la Prusse, laissant ainsi à l'armée d'Italie et à la garde de l'Empereur le temps d'arriver à grandes marches vers le centre et la droite de la ligne.

Tandis que Napoléon, avec son activité prodigieuse, ne perd pas un instant pour réunir tous les éléments de succès dans cette guerre d'invasion portée si loin de ses propres frontières, l'empereur Alexandre écoute les conseils divers de ses généraux les plus influents sans prendre de décision, adoptant et rejetant tour à tour les plans proposés. Le temps marchait cependant; la Grande-Armée française et alliée s'avançait, et le Czar ne paraissait même pas s'en douter. Au lieu de réunir, de concentrer sur les frontières de la Pologne toutes leurs forces, d'appeler du fond de leurs vastes provinces ces cavaliers irréguliers dont ils avaient à leur disposition un si grand nombre, de faire observer les bords de la Vistule et du Niémen, de chercher à deviner les projets de leur ennemi, les Russes attendaient patiemment qu'il plût à la France de déclarer la guerre et de commencer les hostilités.

Vilna, qui renfermait de vastes magasins et se trouvait en première ligne, n'était pas à l'abri d'un coup de main; les trois armées d'Alexandre, commandées par Barclay de Tolly, par le prince Bagration et par Tormassof, étaient disséminées depuis la mer Baltique jusqu'à la Gallicie sur une ligne d'une étendue beaucoup trop considérable pour que ces masses pussent être concentrées facilement en peu de temps sur tel ou tel point menacé. En un mot, la défense n'était pas à beaucoup près aussi intelligente que l'attaque, et toutes les chances de succès paraissaient être encore une fois en faveur de nos soldats.

Vers le 10 avril, Napoléon, dont la garde était en marche vers le nord de l'Allemagne, s'apprêta à quitter lui-même Saint-Cloud pour aller prendre le commandement de l'armée. Il venait de recevoir une lettre par laquelle le roi de Westphalie lui annonçait son départ pour Kalisch (1) : il lui répondit en lui envoyant directement quelques instructions assez curieuses pour trouver place ici :

« Mon frère, je reçois votre lettre par laquelle vous me faites connaître que vous partez et que vous serez rendu à Kalisch le 12. Si, lors de votre arrivée, il n'y a rien de nouveau ; si, après avoir bien établi votre contingent, et avoir pourvu à tout ce qui est relatif à l'approvisionnement, rien ne porte à penser que les Russes attaquent, vous pourriez vous rendre très incognito, et comme pour faire une reconnaissance militaire, à Cracovie et Sandomir. Les connaissances locales que l'on prend soi-même sont toujours bien précieuses. Vous pourrez même visiter les mines de Niliecza. Si vous faites cette course, qui n'a d'autre but que votre instruction, tâchez de bien garder l'incognito, et qu'on ne sache que c'est vous qu'après que vous serez parti. Vous visiterez la citadelle de Cracovie, et vous reconnaîtrez les différentes situations

(1) Toutes les lettres écrites par le roi de Westphalie à l'Empereur ont été malheureusement perdues; nous avons fait pour les retrouver des efforts superflus, il nous a été impossible de combler cette lacune.

de la rivière. Vous pourrez d'ailleurs avoir un officier à Varsovie qui pût venir vous prévenir promptement à Cracovie, s'il y avait quelque chose de nouveau, en même temps qu'il enverrait l'ordre à votre contingent de se mettre en marche. D'ailleurs, je suppose que cette course sera courte. Ma garde est entièrement partie ; je ne pense pas que les Russes fassent aucun mouvement. Les dernières nouvelles de Pétersbourg, du 29 mars, portaient qu'ils se mettaient en mouvement, mais qu'ils protestaient toujours qu'ils ne voulaient pas attaquer.

» Saint-Cloud, 10 avril 1812. »

Résumons sommairement la force, la composition et la marche des corps de la Grande-Armée au commencement du mois de mai 1812 :

L'infanterie était fractionnée en 10 corps.

Le 1er corps, aux ordres du prince d'Eckmühl, avait six divisions portant les numéros 1, 2, 3, 4, 5 et 7. Il traversait la Prusse pour s'approcher du Niémen et des frontières nord de la Pologne russe.

Le 2e corps, commandé par le duc de Reggio, et formé des trois divisions portant les n°s 6, 8 et 9, marchait de Crossen sur Thorn par Posen et la Pologne prussienne.

Le 3e corps, sous le commandement du duc d'Elchingen, était composé des 10e, 11e, 12e et 25e divisions (cette dernière wurtembergeoise). Ce corps se dirigeait de Berlin sur Thorn.

Le 4e corps, formé par l'armée d'Italie, avait trois divisions portant les nos 13, 14 et 15; il était sous les ordres du prince Eugène, et allait arriver à Glogau, sur l'Oder, pour continuer son mouvement sur Posen, sur Plock, et pour prendre position le long de la basse Vistule.

Le 5e corps (général en chef, le prince Poniatowski) était composé de trois divisions polonaises, ayant les nos 16, 17 et 18. Il se formait dans le Grand Duché, sur la rive gauche de la Vistule, et prenait position à Varsovie.

Le 6e corps, sous le général Saint-Cyr, formé des deux divisions bavaroises ayant les nos 19 et 20, avait franchi Glogau et se portait sur Plock.

Le 7e corps, aux ordres du général Reynier, composé de deux divisions saxonnes, nos 21 et 22, marchait de Kalisch sur Pulawi et Sandomir, pour prendre position sur la haute Vistule.

Le 8e corps, formé du contingent westphalien, 23e et 24e divisions, sous le commandement de Vandamme, s'avançait de Kalisch sur Varsovie, pour prendre position entre le 7e et le 5e corps.

Les 9e et 10e corps, aux ordres des ducs de Bellune et de Tarente, composés, le 1er, de 3, le 2e de 2 divisions, troupes françaises, allemandes, polonaises et prussiennes, n'étaient pas encore complétement organisés. Ils devaient former deux réserves, et s'avancer sur le territoire russe lorsque la Grande Armée s'éloignerait de la Vistule et du Niémen.

La Garde comptait 3 divisions, 1 de vieille et 2 de

jeune garde. On avait réuni à ces trois divisions celle de la Vistule, vieux corps polonais.

La division de la vieille garde était sous les ordres du duc de Dantzig; les trois autres sous le commandement du duc de Trévise. Le maréchal duc d'Istrie commandait la cavalerie de la Garde. Tous les corps, à l'exception d'un régiment de grenadiers hollandais et des régiments de lanciers polonais et hollandais, étaient Français. La Garde, en marche sur Berlin, avait ordre de se porter sur le Niémen par Thorn et Kœnigsberg.

Le corps autrichien du prince de Schwartzemberg, cantonné en Galicie vers Lemberg, à l'extrême droite de notre ligne, n'était pas classé. Il était destiné, dans le principe, à relever sur la Vistule la droite de la Grande Armée, et à couvrir le Grand Duché; mais on verra que Napoléon modifia ensuite ses intentions à l'égard de ces troupes, dans lesquelles il ne pouvait avoir une bien grande confiance.

La cavalerie était fractionnée en quatre grands corps : le 1er commandé par le général Nansouty, le 2e par le général Montbrun, le 3e par le général Grouchy, le 4e par le général Latour-Maubourg. Ces quatre corps, dits *réserves de cavalerie*, comptaient 11 divisions de cavalerie, dont six de grosse cavalerie.

En outre, on avait attaché, à chacun des 1er, 2e, 3e, 4e, 6e et 9e corps, deux brigades de cavalerie légère; au 5e, trois brigades; aux 7e et 8e, une seule. Les corps de cavalerie attachés à la Garde et au corps autrichien étaient composés de grosse cavalerie et de cavalerie légère.

Ces brigades marchaient avec les corps d'armée dont ils faisaient partie.

Les 1er et 2e corps de la réserve de cavalerie étaient en marche de Stettin et de Francfort-sur-l'Oder, sur Thorn, Kœnigsberg et le Niémen ; le 3e sur Posen, le 4e sur Varsovie.

La force totale de la Grande-Armée pouvait, à cette époque (premiers jours de mai), être évaluée à 600,000 hommes, dont 490,000 d'infanterie, 90,000 de cavalerie et 20,000 d'artillerie, du génie et des armes spéciales ; elle traînait à sa suite environ 1,200 bouches à feu.

Cette formidable armée pouvait en moins d'un mois (à l'exception des 9e et 10e corps) être réunie sur les bords de la Vistule et du Niémen, sur une ligne brisée dont l'extrême droite est Lemberg en Galicie, et l'extrême gauche Memel sur la Baltique, et au centre et dans le rentrant de laquelle se trouvent Varsovie et Thorn.

LIVRE DEUXIÈME.

Notions géographiques sur les provinces occidentales de la Russie. — Cours d'eau. — Routes. — Composition, force et emplacement des trois armées russes au mois de mai. — Lettre de l'Empereur, du 23 mai. — Ordre du major-général au roi de Westphalie le 26 mai; instructions qu'il lui envoie, développées dans une lettre de l'Empereur. — Nouvelles instructions de Napoléon à Jérôme, le 1er juin. — Faux mouvements du général Reynier, commandant le 7e corps. — Ce corps rétrograde sur Lublin. — Dépêches des 5 et 10 juin de Berthier et de Napoléon au roi Jérôme. — La droite reçoit ordre de se concentrer et de marcher vers le nord, dans la prévision d'un mouvement de Bagration sur Grodno. — Nouveaux ordres du major-général à Jérôme, en date du 20 juin. — Position de l'aile droite de la Grande Armée et de l'armée de Bagration, au moment du passage du Niémen par les corps sous les ordres immédiats de l'Empereur.

En 1812, la Russie était divisée en gouvernements et en districts.

Les gouvernements dont le territoire allait être le théâtre de la guerre étaient situés à l'ouest de l'empire, depuis l'embouchure de la Dwina jusqu'aux sources du Bug. C'étaient ceux de Courlande, de Wilna, de Grodno, de Volhynie. Les trois derniers forment les anciennes provinces de Lithuanie et de Volhynie, réunies à la Russie après le partage de la Pologne; un peu plus à l'est, le gouvernement de Minsk, dans la partie sud duquel s'étendent les marais du Pripet.

Vers le centre de l'espace occupé par ces cinq gouvernements se trouve la ligne de partage des eaux qui se rendent dans la mer Baltique et le golfe de Finlande, et de celles qui vont se jeter dans la mer Noire. Cette ligne est formée de hauteurs très peu élevées qui n'engendrent pas de vallées proprement dites; le terrain n'est qu'une suite d'ondulations sans caractère bien déterminé, où les lacs, les marais, les tourbières et les terres fangeuses se trouvent mêlés avec les terres labourées et les forêts.

L'espace compris entre le Bug et le Dniéper, depuis la limite septentrionale de la Volhynie jusqu'aux environs de Minsk, espace traversé à l'est par le Pripet, est un désert marécageux coupé par une infinité de ruisseaux, de terrains boisés, et entouré en partie de vastes forêts. Lorsque les cours d'eau débordent, notamment le Styr, toute cette contrée est submergée. Au centre est située la ville de Pinsk, à l'extrémité occidentale Brzesc, à l'extrémité méridionale Mozyr. Ces marécages sont souvent impraticables; ils n'occupent pas moins de 3,000 kilomètres carrés, et les communications n'ont lieu que par des digues étroites formant autant de défilés. Une armée ne peut donc sans péril s'engager dans un pays semblable devant un ennemi entreprenant; si elle s'y laisse acculer et qu'elle soit forcée de le traverser pour échapper à des opérations bien dirigées, elle risque d'y périr.

La Grande Armée, pour pénétrer en Russie par l'ouest, avait à franchir plusieurs cours d'eau considérables.

1° Au nord, le Niémen, qui a sa source dans la forêt de Kopislow, située dans le gouvernement de Minsk, coule jusqu'à Grodno du sud-est au nord-ouest, à travers une contrée basse et marécageuse, se redresse à Grodno pour courir du sud au nord jusqu'à Kowno, et prend, de cette dernière ville à la mer, la direction de l'ouest. Le Niémen a pour principal affluent la Vilia, dont la source est en Lithuanie, et qui, devenue navigable à Wilna, se jette dans ce fleuve à Kowno.

2° La Vistule, qui prend sa source dans les monts Krapacks en Gallicie, traverse les villes de Varsovie, de Plock, de Thorn, et va se jeter dans le golfe de Dantzik. Nous citerons parmi les affluents de droite de la Vistule, parce que leurs rives furent témoins des premières opérations de nos armées, le Wieprz, qui prend sa source près de la frontière de Gallicie, non loin de Tomaszow, atteint le fleuve au-dessus de Pulawi, après avoir baigné une plaine unie et boisée. Le Bug, son affluent le plus considérable, qui prend naissance dans la Gallicie, non loin de Lemberg, sépare le grand duché de Varsovie des gouvernements de Volhynie et de Grodno, en coulant du sud au nord, se redresse à Droghilschin, pour prendre la direction de l'est à l'ouest, et vient se jeter dans le fleuve, un peu au-dessus de Praga, après avoir reçu à sa droite la Narew, grossie elle-même du Bobr, de la Pisz, de l'Omulew et de l'Orsic. Ce qui contribue surtout à rendre plus considérables les eaux du Bug, ce sont les vastes marais boisés qui règnent sur sa rive droite. Le pays compris entre cette rivière et la Vistule est une plaine coupée d'une multitude de rivières bordées de marécages et couvertes de forêts d'une grande étendue. A l'ouest de la Narew, la Vistule reçoit encore la Soldau, la Mlawa et la Drewentz ; sur sa rive gauche, le fleuve n'a que des affluents peu considérables, parmi lesquels nous distinguerons seulement la Pilica.

Les parties que nous venons de décrire des contrées arrosées par les eaux de ces deux fleuves sont souvent d'un accès difficile à certaines époques de l'année ; quand ces rivières débordent, les chemins sont défoncés et le pays devient presque impraticable.

En arrière de cette première ligne de la frontière russe, dans les parties sud du gouvernement de Minsk et nord de celui de Volhynie, une rivière considérable nommée le Pripet, affluent de droite du Dniéper, répand ses eaux dans un pays également difficile. Le Pripet prend sa source près de Vladimir, en Volhynie, coule généralement de l'ouest à l'est, formant des îles couvertes de roseaux, et va gagner le Borysthène au-dessous de Czarnobyl dans le gouvernement de Kiew, après avoir traversé les marais de Pinsk.

Donnons maintenant une idée des routes qui permettaient de pénétrer en Russie par les frontières de l'Est ; cet exposé rapide est nécessaire pour bien apprécier les opérations stratégiques.

1° La route de poste de Marienwerder à Kœnigsberg, à Insterburg (où elle rejoint celle de Memel par Tilsitt), à Penn et à Kowno, au confluent de la Vilia et du Niémen.

2° Celle de Thorn (sur la Vistule), dans le grand

duché de Varsovie, à Osterode, Güttstadt, Rastemburg, Nowogrod, Lomza (où elle rejoint la route de Varsovie à Ostrolenka), à Tykoczin, Bialistok, Grodno, Lida. Cette route va gagner au nord Wilna et Swentziany, et Druia sur la rive gauche de la Dwina, et au sud, Nowogrodek, puis Slonim à l'ouest et Nesvij à l'est.

Cette route fait communiquer le centre du grand duché de Varsovie avec les gouvernements de Grodno et de Minsk.

3° La route de Varsovie par Siedlce, au sud-est, Brezesc-Litowski (aussi appelé Brestlitow et Brzesc), Kobrin, Pruzany, Slonim, Nesvij, Minsk, Borisow, Orsza, Smolensk et Moscou.

4° La route de Varsovie à Nesvij, comme la précédente; puis de Nesvij à Sloutzk, Gluks, Bobruisk (sur la Bérésina, affluent du Dniéper).

5° La route de Kaminiec, Podolski (où viennent se réunir les routes de Varsovie par Brzesc-Litovski), Lublin, Zamosc, Lemberg (en Gallicie).

Ces différentes routes étaient coupées transversalement par d'autres grandes routes, parmi lesquelles nous citerons : la route de Tilsitt par Kowno, Wilna, Lida et Nesvij; celle de Saint-Pétersbourg, par Witepsk, Mohilow, puis par Mozyr à Odessa; à cette route vient se joindre celle de Riga, par la vallée de la Dwina, Drissa, Polock et Witepsk.

On observera que, dans le vaste espace arrosé par le Pripet et les marais du Pinsk, on ne trouvait que deux communications :

1° Une route secondaire qui va de Vladimir à

Kovel et Brezesc-Litovski, puis gagne Pinsk, par Kobrin, et de là remonte au nord-est, par Sloutzk et Bobruisk;

2° La grande route au sud, de Lemberg à Kamenetz, Ostrog et Jitomir. Dans cette ville, elle se bifurque et gagne d'un côté, vers le nord, Ovroutsch, Mozyr, où elle traverse le Pripet; Jakmowitsch, où elle coupe la Bérésina et remonte le cours du Dniéper par la rive droite jusqu'à Mohilow et Orhr; de l'autre, elle atteint Kiew sur le Dniéper, et suit la rive gauche de ce fleuve en courant parallèlement à l'autre branche jusqu'à Tschernigow, Biélitza et Mohilow, où elle se confond de nouveau avec la branche occidentale.

Cette vaste partie des gouvernements de Volhynie et de Minsk était donc comme encadrée par une communication qui parcourait son périmètre, n'ayant à l'intérieur qu'une chaussée transversale.

L'étude de ces pays difficiles fit concevoir à l'Empereur le projet de rejeter dans ces vastes marécages une des armées d'Alexandre, après l'avoir isolée. Nous verrons plus loin tous les détails de son plan développés dans ses lettres à Jérôme.

Les mouvements de troupes que nous avons indiqués au livre précédent, l'échange de notes avec la Russie, la Prusse et l'Autriche, occupèrent tout le mois de mai. De son côté, bien qu'il eût cherché jusqu'alors inutilement à découvrir le point menacé des frontières de ses États, l'empereur Alexandre disposa ses corps d'armée entre la Baltique et la Gallicie.

Nous avons dit que les troupes russes formaient trois

armées : première et deuxième armées de l'Ouest, et armée de réserve. La première, sous les ordres de Barclay de Tolly, s'étendait de la mer à Lida, dans le gouvernement de Grodno; elle comprenait les corps d'infanterie de 1 à 6, trois divisions de cavalerie et 5,000 Cosaques et Baschkirs.

Elle occupait les positions suivantes :

1° Le premier corps, trois divisions d'infanterie et une de cavalerie légère (22,000 baïonnettes, 3,200 sabres), général Wittgenstein, à Rossiena et Keidany, villes situées, la première à quelques lieues dans les terres, sur la rive droite du Niémen, la seconde sur la rive droite d'un affluent de ce fleuve, dans le gouvernement de Wilna;

2° Le deuxième corps, deux divisions d'infanterie (15,000 hommes), général Bagawout, autour de Kowno, sur la rive droite de la Vilia, affluent principal du Niémen;

3° Le troisième corps, deux divisions d'infanterie (18,000 hommes), général Tutchkof, entre Nowoi-Troki (gouvernement de Wilna), et Lida (gouvernement de Grodno), à quelque distance et sur la rive droite du Niémen;

4° Le quatrième corps, deux divisions d'infanterie (14,000 hommes), général Schouwalof, à Nowoi-Troki;

5° Le cinquième corps, trois divisions d'infanterie, un corps de cavalerie (25,000 hommes, garde impériale), général, grand duc Constantin, à Wilna et dans les environs;

6° Le sixième corps, deux divisions d'infanterie

(15,000 hommes), général Doctorof, entre Lida et Grodno.

Les trois corps de cavalerie étaient répartis de Rossiena à Grodno avec les 5,000 Cosaques.

Le premier, fort de 3,200 cuirassiers, était commandé par le général Ouwarof; le deuxième, 3,200 dragons, par le général Korf; le troisième, 6,400 hommes de cavalerie légère, par le général-major de Pahlen.

La première armée, forte d'environ 150,000 hommes, occupait donc la ligne du Niémen.

La seconde armée de l'Ouest, sous les ordres du prince Bagration, se composait des 7e et 8e corps d'infanterie, généraux Raiewski et Barasdin, deux divisions donnant chacune un total de 30,000 baïonnettes; une division de grenadiers réunis, général Worontzof (8,000 hommes); 4e corps de cavalerie, général Knorring (3,200 cuirassiers); 5e corps, général Siewers (3,200 dragons); 6e corps, général Wassiltchikof (6,400 hommes de cavalerie légère); 2,000 chasseurs à pied, formant une brigade d'infanterie, et 11,600 Cosaques, Baschkirs et Tatars, sous les ordres de l'hetmann Platof. Cette armée, forte de 40,000 fantassins et de 24,000 cavaliers, était concentrée dans les environs de Wolkowisk, entre Slonim et Bielsk, dans le gouvernement de Grodno, prête à marcher sur Varsovie, sur Wilna, ou à se replier sur le camp de Drissa, par Lida et Sventsianoui.

La troisième armée, dite armée de réserve, sous les ordres du général de cavalerie Tormassof, occupait la Volhynie; ses troupes étaient concentrées du côté de Vladimir et de Loutsk, à cheval sur les communications qui mènent d'un côté à Pinsk et de l'autre à Ostrog, où l'on rejoint la grande route de Lemberg. Cette armée se composait : du 9e corps d'infanterie, deux divisions d'infanterie et une de cavalerie, général Markof (16,000 baïonnettes, 6,400 sabres) ; d'un corps mixte, formé d'une division d'infanterie de 8,000 hommes et une de cavalerie de 2,400, aux ordres du général Kamenskoi ; d'un second corps mixte d'égale force, commandé par le général-major Lambert ; enfin de 4,000 Cosaques ou Baschkirs, en tout 45,000 hommes environ.

En outre, de fortes garnisons, donnant un total de 40,000 hommes environ, occupaient Riga sur la Baltique, Dunabourg sur la rive droite de la Dwina, un peu au nord-ouest du camp de Drissa, dans la Livonie, et Mozyr sur le Pripet, dans le gouvernement de Minsk.

Ces 40,000 hommes ne furent utilisés que plus tard ; on n'osait les déplacer avant de savoir par quel point pénétrerait Napoléon.

Vers le 20 mai, la majeure partie des troupes de la Grande Armée était tout près des frontières russes. Les ordres de Napoléon avaient reçu leur exécution ; la Prusse, qui, malgré ses bonnes dispositions apparentes, ne laissait pas que de nous inquiéter, tenue en respect par le rassemblement des Saxons (7e corps), mis sous les ordres du général Reynier, avait enfin fourni son contingent et renvoyé le reste de ses troupes en Silésie. Le 7e corps s'était porté par Kalisch, Petrikau et Kosenyce, sur la Vistule, au-dessous de la Pilica; les 5e et 8e corps étaient autour de Varsovie, et le vice-roi, avec le 4e, au nord de cette ville, vers Soldau. Toutefois, apprenant que déjà des difficultés s'élevaient pour la nourriture des troupes et que le prince Eugène voulait tirer des subsistances de Varsovie, l'Empereur, arrivé de sa personne à Dresde, écrit à Berthier :

« Mon cousin, expédiez sur-le-champ un officier au Vice-Roi pour lui faire connaître que les dispositions contenues dans sa lettre du 10 mai sont mauvaises. Pultusk, Ostrolenka, Rozan et même Przasnitz doivent être occupés par le 5e corps, qui se nourrit par Varsovie. Il doit appuyer la gauche du 4e corps à la Drewenz, et la droite tout au plus à Wizigrod. Il aurait alors pour se nourrir la manutention de Thorn, celle de Plock et celle de Wizigrod. Il doit avoir reçu l'ordre de se placer en colonnes sur le chemin de Plock à Willenberg ; il peut se placer sur trois colonnes, s'il le juge convenable : une de Lipno à Rypin et Lautenbourg, une de Plock à Soldau, et la 3e de Wizigrod à Plonsk et Nawa. Mais tout le pays, depuis la ligne de Wizigrod, Plonsk et Mlawa à la Narew, doit être à la disposition du 5e corps. L'Urka peut être la ligne de démarcation.

» Faites bien remarquer au vice-roi qu'il doit tenir ses masses près de la Vistule, parce que c'est le seul moyen, puisque Wizigrod, Plock et Thorn sont des endroits abondamment approvisionnés et où il y a une grande quantité de vivres.

» Écrivez dans le même sens au duc d'Elchingen et au roi de Westphalie.

» Sur ce, je prie Dieu qu'il vous ait en sa sainte et digne garde. »

« Dresde, le 23 mai 1812. »

Le 26 mai, Napoléon, retenu en apparence à Dresde par les fêtes, au milieu d'une cour de rois, s'occupait en réalité à donner ses derniers ordres à ses lieutenants, à leur faire connaître ses intentions véritables et secrètes pour la campagne qui commençait. Connaissant, par des rapports certains, la disposition vicieuse des trois armées russes, trop éloignées les unes des autres pour n'être pas séparées si l'on agissait avec ensemble et vigueur, et surtout si l'on parvenait à maintenir quelque temps encore l'esprit d'Alexandre dans l'indécision sur le véritable point d'attaque, il se décide à accréditer, par tous les moyens possibles, le bruit de son arrivée prochaine à Varsovie, la nouvelle du rassemblement d'une armée de plus de 100,000 hommes vers la Gallicie, et l'entrée en Volhynie de son frère Jérôme. Mais tandis que tout doit concourir à faire croire aux Russes que tels sont ses projets, il va gagner la Baltique, franchir le Niémen avec la gauche de la Grande Armée, se placer entre Barclay et Bagration, et tenter de rejeter l'un sur Moscou ou Saint-Pétersbourg, l'autre sur les marais de Pinsk.

Pour coopérer à ce grand mouvement, la droite, sous les ordres du roi de Westphalie, doit agir avec prudence, afin de ne démasquer ses projets réels qu'au moment où il ne sera plus temps pour l'ennemi de s'y opposer. Le major-général envoie en conséquence les instructions les plus détaillées à Jérôme.

ORDRE *à S. M. le roi de Westphalie, commandant en chef la droite de l'armée.*

« L'intention de l'Empereur, Sire, est que Votre Majesté donne les ordres nécessaires pour que le prince Poniatowski ait le 5 juin son quartier-général à Pultusk, que son infanterie occupe Modlin, Sierock, Sochoczin, Novemiasto, Pultusk, Makow et Przasnitz, et que sa cavalerie soit placée le long de l'Omulew jusqu'à Ostrolenka et Rozan.

» Votre Majesté donnera en même temps ses ordres pour que le 8e corps ait son quartier-général du 5 au 6 juin à Praga, qu'il occupe Kurczew, Stanislawow, Kamienczyck, et la gauche de la Narew et du Bug; la cavalerie légère de ce corps sera placée entre la Vistule et le Bug, sans pourtant renforcer ni diminuer les postes qui sont près de l'ennemi; les bagages et les états-majors de la cavalerie seront sur la rive gauche du Liviec.

» Un pont devra être jeté près de l'embouchure du Bug, pour communiquer avec Pultusk par la presqu'île.

» Votre Majesté ordonnera au 7e corps de commencer son mouvement le 6 juin pour s'approcher de Varsovie; mais il occupera toujours Pulawi avec de la cavalerie. Tous les détachements de cavalerie polonaise qui seraient devant Brzesc, ou dans toute autre position en avant, ne bougeront pas, afin de ne faire aucun mouvement près de l'ennemi, et de lui masquer autant que possible celui du 7e corps.

» Votre Majesté fera établir le quartier-général du 4e corps des réserves de cavalerie entre Praga et le Liviec, sur la route de Brzesc; la cavalerie légère de ce corps poussera des postes du côté des frontières; les bagages, les caissons, l'artillerie seront sur la rive gauche du Liviec. Ce corps de cavalerie doit être placé de manière à pouvoir se porter partout où il serait nécessaire pour soutenir la cavalerie légère de votre aile droite.

» Dans cette position, Sire, vous attendrez de nouveaux ordres.

» Je prie Votre Majesté de m'instruire le plus tôt possible des dispositions qu'elle aura faites pour l'exécution de ce mouvement, et de l'emplacement exact qu'occuperont les troupes sous vos ordres.

» Le prince vice-roi reçoit l'ordre d'avoir son quartier-général, du 5 au 6 juin, à Soldau. Son corps d'armée sera placé en trois colonnes :

» Celle de droite, depuis Wyszogrod, Plonsk, Cicianow, jusqu'à Mlawa;

» Celle du centre, depuis Plock, Bielsk, Drobin, Raciaz, Radzanowo, Szrensk, Sarnowo à Soldau;

» Celle de gauche, depuis Lipno, Serp, Biezun, Kuczbrock, Gurczno à Gilgenburg.

» Sa cavalerie légère sera placée à Villenberg, Ortelsburg et Chorzellen, se prolongeant le long de l'Omulew; sa grosse cavalerie à Neidenburg et Janowo.

» Dresde, le 26 mai 1812. »

Le même jour, Napoléon écrit lui-même à son frère pour lui expliquer le but des mouvements qu'il doit faire, l'ensemble du plan adopté; pour lui prescrire les précautions les plus minutieuses afin que l'ennemi soit induit en erreur. Et par deux fois différentes, il lui recommande le secret le plus absolu, *même vis-à-vis son chef d'état-major.*

« Mon frère, le major-général vous a fait connaître mes intentions pour le mouvement à opérer du 5 au 6 juin, par les 5e, 7e et 8e corps. L'intendant-général aura donné des ordres pour le rétablissement des manutentions de Pultusk, d'Ostrolenka et de Przasnitz, et pour faire filer des farines sur Pultusk, Makow, Przasnitz, Ostrolenka et Praga.

» Le commandant du génie aura donné des ordres pour jeter un pont à Pultusk, pour relever la tête de pont, l'armer et rétablir les batteries qui de la rive droite défendent la gauche, pour rétablir les têtes de pont et les redoutes qui avaient été établies à l'intersection de la Narew et du Bug.

» Il faut que vous établissiez sur le Bug un pont pour communiquer facilement dans la presqu'île. Ce pont doit être le plus près possible de Praga, dans un point cependant où les communications avec Pultusk ne soient pas gênées par les marais et soient faciles.

» Il est indispensable que votre mouvement se fasse

de manière que les postes avancés de cavalerie ne soient pas dérangés, et que ce qui est devant l'ennemi reste dans ses positions, car la guerre n'est pas déclarée de manière à empêcher la communication sur les frontières ennemies. Le Grand Duché doit avoir des douanes qui aient ordre de ne rien laisser passer du Grand Duché en Russie, en recevant tout ce qui arriverait.

» Tenez un officier d'état-major vis-à-vis Brzesc aux débouchés. Il faut que les ponts sur la Narew et le Bug soient tels que les corps puissent facilement communiquer entre eux. Je vous recommande la tête de pont de Pultusk et de Sierock sur la Narew et le Bug, parce qu'il serait possible que dans un second mouvement je laissasse l'ennemi maître du pays depuis les glacis de Praga, me contentant de conserver Praga, Modlin, la rive gauche de la Vistule et la rive droite de la Narew, depuis Modlin jusqu'à Sierock; et de là, selon les circonstances, j'abandonnerais aussi la presqu'île et me tiendrais à la rive droite de la Narew jusqu'à Rozan et Ostrolenka; ou bien je garderais le Bug depuis Seirock jusqu'à Brock. Il est donc convenable que le pont que vous ferez établir dans la presqu'île soit le plus près possible de Sierock. Quant au pont de Sierock, comme il est suppléé par celui de Modlin, on pourrait se contenter du pont sur le Bug et du pont de Pultusk sur la Narew, et supprimer le pont de Sierock (si cela devenait nécessaire et qu'il fût sans aucune valeur) situé à Niewporewz, c'est-à-dire placé sur les deux rives réunies.

» Il sera convenable qu'après avoir fait vos dispositions, vous alliez voir Sierock, Pultusk, Ostrolenka, les bords de l'Omulew, et que vous veniez jusqu'à Brock. Faites reconnaître la petite rivière de la Liwiec, qui pourrait servir d'avant-poste, en cas que les avant-postes se trouvassent trop près du Bug.

» Faites commander à Lublin 100,000 rations de pain biscuité, et répandez le bruit de votre arrivée de ce côté avec 100,000 hommes. Il faut faire toutes les démonstrations pour faire croire que vous allez vous réunir aux Autrichiens avec 100,000 hommes; mais le vrai est que votre mouvement sera inverse, ce que je ne vous confie que pour vous seul, et ce que je désire que vous teniez très secret, sans le communiquer *même à votre chef d'état-major.*

» Le 4e corps de cavalerie, qui doit porter son quartier-général à une ou deux marches de Praga, pourra pousser des postes de cavalerie légère jusque sur le Bug, pour observer les mouvements de l'ennemi. Il est nécessaire que la grosse cavalerie ne dépasse pas la Liwiec. Ce corps sera toujours à même de manœuvrer selon mes projets généraux, et de s'approcher du Bug et de la Narew, si je le juge convenable. Placez le quartier-général du général Latour-Maubourg du côté de Stanislawow, où il pourra surveiller le chemin de Brzesc.

» Faites-moi connaître le nombre de pontons que vous avez à vos trois corps. Ayez avec vous vingt jours de vivres en biscuit et pain biscuité, farines, sans toucher aux magasins généraux. Il est possible que le 6 juin je commence des mouvements de guerre, sans cependant être en guerre, vu que j'ai six ou huit jours de marche sur le territoire de Prusse ou du Grand Duché.

» Le pain que vous ferez faire à Lublin, pour votre prétendu mouvement sur ce point, pourra servir au corps autrichien que je ferai serrer probablement sur ma droite. Manœuvrez et placez vos postes de cavalerie légère comme si vous alliez en Volhynie. Envoyez des espions de ce côté, et faites préparer votre logement à Lublin.

» Personne ne doit être dans votre confidence, pas même votre chef d'état-major.

» Dresde, le 26 mai 1812. »

Le 1er juin, Napoléon gagne Posen; il s'avance vers le Nord sur les rives du Niémen, tout en cherchant à faire croire aux Russes qu'il a le projet d'attaquer en se portant de Varsovie sur la Volhynie. Il juge à propos d'envoyer encore de nouvelles instructions au commandant de la droite, et lui écrit :

« Mon frère, je suis depuis hier à Posen. Vous avez reçu une lettre de moi contenant des instructions générales, qui ont dû être précédées par des ordres de l'état-major général à exécuter du 1er au 7 juin.

» L'ordonnateur de la droite vous aura fait connaître les mesures que j'ai prescrites à l'intendant-général pour l'approvisionnement de Pultusk, de Modlin et de Varsovie. Il est nécessaire qu'il y ait 10,000 quintaux de farines à Pultusk et 25,000 à Modlin, pour l'approvisionnement de l'armée qui suivra le cours de la Narew ; il faut en avoir en outre 25,000 quintaux à Varsovie. Je fais tirer ces approvisonnements des différents magasins qui sont le long de la Vistule depuis Plock. L'ordonnateur vous aura également fait connaître mon ordre du jour relatif au 16e bataillon d'équipages et les mesures prises pour avoir 600 voitures du pays à la suite de votre corps. Pressez l'exécution de ces mesures. Nous sommes dans une saison où les chevaux ne peuvent pas périr de faim. L'herbe doit être déjà bonne à manger.

» Je pars probablement cette nuit pour Thorn où je serai demain et après, et où je recevrai de vos nouvelles. Je désire que vous reconnaissiez l'Omulew, Pultusk, Ostrolenka, Nowogrod, Lomza ; mais si vous allez si loin, il faut y aller incognito. Tenez un officier à Tikoczin et un à Terespol vis-à-vis Brzesc, pour vous faire des rapports sur ce qui se passe à Bialistok et sur la frontière russe. Faites reconnaître la ligne de Johannisburg à Nowogrod. Accréditez par tous les moyens le bruit de votre marche sur Lublin. Accréditez aussi le bruit de ma prompte arrivée à Varsovie. Que le général Reynier fasse courir le bruit qu'il va passer le pont de Pulawi pour se porter sur Zamosc ; prévenez-en le commandant de Zamosc, afin que des dispositions soient faites pour recevoir ce corps. Vous donnerez l'ordre à l'officier que vous aurez en observation à Tikoczin d'envoyer des rapports sur Osterode et Thorn, et par estafette, toutes les fois que cela sera important. Le département, dont le chef-lieu est à Siedlce, doit vous fournir des ressources.

Il est important que vous ayez vos vingt jours de vivres indépendamment des magasins de Pultusk, Ostrolenka et Modlin.

» Posen, le 1er juin 1812. »

Les ordres de l'Empereur transmis par le général Marchand, chef d'état-major de la droite de la Grande-Armée, aux chefs des 4e corps de cavalerie, 5e, 8e, et 7e d'infanterie, furent exécutés ponctuellement par les commandants des trois premiers corps, mais non par le général Reynier, qui crut devoir les modifier ainsi que nous allons le dire.

Le 7e corps, composé de Saxons, destiné d'abord à peser sur la Prusse et à surveiller ses intentions à notre égard, avait quitté les bords de la Neiss à la fin de mars pour s'approcher de la Vistule. Campé autour de Radom, derrière la Pilica, dans le grand duché de Varsovie, il y séjourna trois semaines, attendant de nouveaux ordres. Le 7 mai, les troupes vinrent jusqu'à Kozienice, et à la fin du même mois le général Reynier, d'après les instructions du prince de Neuchâtel, fut prévenu qu'il devait le 6 juin commencer son mouvement sur Varsovie et se diriger de manière à se placer en colonne sur la route de Minsk. Au lieu de suivre à la lettre des ordres dont il ne comprenait pas la portée, puisqu'il n'avait pas le secret des opérations, Reynier, officier-général d'un caractère peu facile, croyant inutile de retarder si longtemps la marche de son corps d'armée, se figurant d'ailleurs que le rôle de l'aile droite était tout simplement de franchir le Bug pour entrer en Lithuanie, persuadé en outre que les Autrichiens du prince de Schwarzemberg étaient sur ses pas, Reynier, ne consultant que lui-même, mit le 7e corps en mouvement le 3 juin au lieu du 6.

Le roi de Westphalie se hâta d'informer l'Empereur de cette fausse interprétation de ses ordres; mais il était trop tard, et le major-général répondit le jour même à ce prince la lettre suivante :

« Sire, l'Empereur a reçu la lettre par laquelle Votre Majesté fait connaître que le général Reynier sera à Karczew le 6, et son corps d'armée en bataille sur la route de Minsk. Cette disposition est contraire à l'ordre que j'ai donné à Votre Majesté de Dresde, en date du 26 mai, dans lequel je lui ai dit que le mouvement du général Reynier commencerait le 6, pour s'approcher de Varsovie. Or, si le 6, le général Reynier était à Karczew, vous auriez donc démasqué le mouvement le 3, ce qui serait une grande faute. Quoi qu'il en soit, en quelque endroit que soit le général Reynier, vous le ferez marcher sur Lublin, de manière que lui, sa cavalerie légère, une batterie d'artillerie et quelques bataillons de grenadiers, y soient le 10 juin ou le 11; qu'il ait avec lui ses constructeurs de fours; qu'il fasse construire vingt fours, et qu'il fasse marquer votre logement. Une partie légère de votre service y arrivera vingt-quatre heures après, avec un fourrier de votre maison et deux chambellans. Le reste du corps du général Reynier sera en colonnes de Lublin à Varsovie, de manière à pouvoir se porter rapidement sur

Varsovie, soit que l'ennemi marche sur cette ville par Brzesc, par Ostrolenka ou par Nur. D'ailleurs, si l'ennemi ne fait aucun mouvement, lorsque le mouvement général de l'armée se trouvera entièrement démasqué, le général Reynier doit revenir à marches forcées sur Varsovie ; il est donc nécessaire qu'il soit en colonnes. Vous ferez jeter un pont à Pulawi, ayant le but de servir de retraite au général Reynier et au corps autrichien pour passer la Vistule et se porter par la rive gauche sur Varsovie, si jamais l'ennemi marchait sur la Vistule et interceptait ainsi la route de Varsovie au corps du général Reynier ou au corps d'armée autrichien. Le deuxième but du pont de Pulawi, c'est d'agir sur l'ennemi. Un pont sur une rivière comme la Vistule est toujours une grande nouvelle, et un fait que le plus mauvais espion peut rapporter. C'est là la raison qui a fort contrarié l'Empereur lorsque vous avez fait jeter ce pont il y a un mois : il ne le devait être qu'aujourd'hui. Si ce pont a été levé, vous aurez soin de le faire rétablir, de sorte qu'il soit en état du 10 au 12 juin.

» L'Empereur suppose qu'il y a un pont sur la Pilica, de manière que le mouvement de Pulawi à Varsovie soit facile, si jamais on était forcé de passer par la rive gauche.

» Aussitôt que le corps autrichien sera sur Lublin, et qu'il n'y aura plus à craindre qu'il ait besoin du pont de Pulawi, vous aurez soin de le faire lever. Vous tiendrez en conséquence de l'artillerie, de la cavalerie avec un officier intelligent qui fera lever ce pont aussitôt que le prince de Schwarzemberg le lui aura fait dire, et s'il l'oubliait vous auriez soin d'y veiller.

» Le prince de Schwarzemberg, Sire, reçoit l'ordre de partir du 9 au 11 juin pour se porter sur Lublin; il lui est ordonné de bivouaquer tous les soirs et de marcher ou en trois colonnes parallèles, ou en trois colonnes à trois lieues de distance. Sa cavalerie légère a l'ordre de communiquer le plus tôt possible avec celle du général Reynier.

» Il est donc probable que du 14 au 15 le prince de Schwarzemberg sera à Lublin; il mangera tous les vivres qui étaient préparés pour vous. Le général Reynier se reploiera alors sur Praga, où arrivera lui-même le prince de Schwarzemberg.

» Ainsi, du 20 au 25 juin, plus ou moins, selon la nature des événements, le corps autrichien serait à Varsovie. Comme l'Empereur est pressé que vous receviez cet ordre, je vous l'expédie tout de suite. Je vous enverrai demain des instructions plus détaillées sur la manière de manœuvrer selon les différentes hypothèses.

» Envoyez trois officiers d'état-major le long du Bug, le premier du côté de Chelm, les autres de Chelm à Terespol, pour voir ce qui s'y passe et avoir l'air d'observer le Bug à dessein, et par là faire croire qu'on le veut passer. Faites croire qu'avec les Autrichiens vous marchez en Volhynie avec 150,000 hommes.

» Thorn, le 5 juin 1812. »

Lorsque le roi de Westphalie reçut cette dépêche, le 7e corps n'était déjà plus qu'à une marche de Varsovie, à Wiezowna ; ordre lui fut donné de rétrograder immédiatement sur Lublin, et ce mouvement fut commencé le 7 juin, ainsi que cela résulte de la lettre suivante de Reynier au général Marchand (1) :

(1) Le général Reynier fut très mécontent de cet ordre, et nous trouvons au Dépôt de la guerre, dans les papiers qu'il a laissés, une note qui prouve bien comment, n'étant pas dans le secret des opérations, il juge mal un ordre qu'il ne peut comprendre.

Le commandant du 7e corps écrit, en parlant de ce mouvement sur Lublin : « Manœuvre inutile *sortie du cerveau du roi de Westphalie*, et qui nous fit perdre beaucoup d'hommes par la chaleur. » Du reste, le général en chef (Reynier), en sentant l'inutilité, » marcha d'abord sur Lublin avec son quartier-général, et laissa » les troupes marcher plus tranquillement. On voulait menacer » les Russes de passer le Bug à Chelm, mais ce n'était pas ainsi » qu'il fallait s'y prendre. Il fallait marcher sur Varsovie pour » forcer Essen, qui était de l'autre côté du Bug, à se retirer : ou » bien mieux, il fallait que le roi de Westphalie, arrivé à Grodno, » ne gardât pas, dans sa poche, comme tout le monde l'a prétendu, » l'ordre de marcher à marches forcées pour couper le corps » d'Essen, et laissât le corps saxon passer le Bug à Chelm, et marcher sur les derrières de l'ennemi. Du reste, cet événement se » lie à une foule d'autres dont on parlera à la suite de la campagne du 7e corps, et dont la narration pourra servir à former » un ensemble des opérations de l'armée. » (*Journal du 7e corps*, par le général Reynier.)

Ainsi donc, voici Reynier commandant un corps d'armée qui, dans l'ignorance où il doit se trouver et se trouve en effet d'un vaste plan stratégique, non seulement attribue une manœuvre qu'il ne saurait comprendre à son chef immédiat, lequel ne fait qu'exécuter les ordres de l'Empereur, mais qui, au lieu d'obéir à ses instructions, oppose une espèce de force d'inertie, cherchant à atténuer les résultats d'une opération que, de son autorité

« Monsieur le général, j'ai reçu les deux lettres que vous m'avez écrites, pour me prévenir des ordres envoyés par S. A. S. le prince de Neuchâtel. J'ai tout de suite envoyé l'ordre de conserver le pont de Baranow, et à la cavalerie légère, qui devait loger demain à Zelechow, de s'arrêter et de rétrograder sur-le-champ sur Lublin, et à la 1re brigade de la 2e division, qui loge aujourd'hui à Zelechow, de suivre le mouvement de la cavalerie légère. L'autre brigade de la 2e division sera entre Zelechow, Mocicowice et Garwolin ; la 1re division, qui achève demain de passer la Vistule à Gury, sera entre Garwolin, Osieck et Karezew. Le parc d'artillerie passera après demain matin le pont de Gury, et se placera jusqu'à nouvel ordre à Dziecznow. Le pont de Gury sera levé après son passage, et les bateaux mis à la disposition du commissaire ordonnateur du 8e corps descendront à Varsovie, si l'on n'envoie pas l'ordre de faire remonter la Vistule à tous ceux qui seront inutiles à Varsovie, tandis qu'il en manque sur la haute Vistule, pour faire

privée, il juge au moins *inutile*. Il se fait l'écho de bruits malveillants dont il sera facile de prouver plus loin la fausseté, et se posant général en chef de la Grande Armée tout entière, il dessine lui-même un plan qui est précisément l'inverse de celui adopté par Napoléon. Il prend pour vraies les fausses démonstrations par lesquelles ce dernier cherche à tromper ses adversaires, et déverse le blâme sur celui qui exécute strictement des ordres sur lesquels repose le succès du commencement de la campagne.

Qui oserait dire cependant que des mémoires écrits par le général Reynier n'eussent pesé d'un grand poids sur l'opinion publique.

les envois de vivres demandés pour Varsovie. Je serai demain matin à Garwolin, et peut-être à Zelechow, si je trouve les relais que je fais commander pour me rendre promptement à Lublin, où je serai le 10 au soir ou le 11.

» J'ai reçu, de la frontière du Bug, l'avis que le corps du prince Bagration était déjà en marche pour Brzesc ; le mouvement général de l'armée et celui des Autrichiens sont déjà trop connus dans le pays pour qu'on puisse espérer que ma marche sur Lublin fasse changer ces dispositions.

» Je fais établir des postes de correspondance à Karezew, Osieck, Garwolin, Zelechow, Serokomla et Kock, pour que les dépêches qui peuvent m'être adressées me parviennent promptement.

» Le général Lecoq, commandant la 21e division, s'établira à Osieck, au centre des cantonnements de sa division.

» Viezowna, le 7 juin 1812. »

Malgré le mécontentement que fit éprouver au général Reynier l'ordre de rétrograder sur Lublin, ce mouvement fut complétement exécuté le 13 juin, en sorte que, dix jours environ avant le passage du Niémen par la gauche de la Grande Armée, l'aile droite occupait encore la ligne de la Vistule de Lublin à Ostrolenka, se liant au Vice-Roi par sa gauche, et par sa droite au prince de Schwartzemberg.

L'Empereur, cependant, arrivé le 5 à Thorn, voulut éclairer encore davantage son frère sur ses projets, et lui écrivit ce même jour une lettre dans laquelle, non seulement il lui dévoile complétement ses intentions et le secret des opérations de l'armée entière, mais dans laquelle en outre il prévoit tous les cas qui peuvent se présenter, les difficultés qui peuvent surgir et la conduite à tenir dans ces diverses hypothèses. Il est difficile de lire un document plus complet :

« Mon frère, je reçois votre lettre que m'apporte votre aide-de-camp. Le major-général vous écrit pour vous faire connaître le plan d'opérations que vous avez à faire. Dans ce métier-ci, et sur un si grand théâtre, on ne réussit que sur un plan bien établi et qu'avec des éléments bien d'accord. Il faut donc bien étudier vos ordres et ne faire ici ni plus ni moins que ce qu'on vous dit, surtout pour ce qui est mouvement combiné.

» Annoncez que je vais voir le dépôt de Dantzig, et qu'immédiatement après je reviens passer la revue du corps du Vice-Roi, celle des Polonais à Pultusk, et à Varsovie celle des deux autres corps. Faites faire à Varsovie tout ce qui peut accréditer cette nouvelle.

» Établissez une bonne police aux frontières, et faites que rien ne passe en Russie, ni courriers, ni postes, sous quelque prétexte que ce soit. Tout ce qui en viendra doit être envoyé au quartier-général.

» Donnez ordre au prince Poniatowski de correspondre avec le Vice-Roi et avec le général Rapp, pour leur faire connaître ce qu'il y a de nouveau. Il est nécessaire aussi que vos trois corps correspondent avec le major-général. C'est le major-général qui ne doit correspondre qu'avec vous; mais les commandants de ces corps doivent envoyer exactement le détail de leur position au major-général.

» Il paraît qu'il y a assez de blé à Modlin; ce qui manque, c'est de la farine. Pultusk, Ostrolenka et Varsovie doivent avoir pourtant assez de moyens de nourriture. J'ai donné pour cela tous les ordres nécessaires. Faites-moi connaître jusqu'où, dans les mois de juin et de juillet, la Narew est navigable. Porte-t-elle bateau en ce moment jusqu'à Nowogrod et Lomza?

» Je crois vous avoir fait connaître ce que vous avez de mieux à faire au début de la campagne. D'abord, faire croire que vous allez entrer en Volhynie, et tenir l'ennemi le plus possible sur cette partie, pendant que, le débordant sur son extrême droite, j'aurai gagné sur lui douze ou quinze marches dans la direction de Pétersbourg. Je me trouverai sur son aile droite, je passerai le Niémen et lui enlèverai Wilna, ce qui est le premier objet de la campagne.

» Le mouvement du prince de Schwartzemberg sur Lublin ne démasquera pas entièrement ce dessein, puisque l'ennemi pourra croire que, réunis à Zamosc, nous partirons de là pour entrer en Volhynie. Quand cette opération sera démasquée, l'ennemi prendra un des deux partis suivants : ou il se ralliera dans l'intérieur de ses États pour se trouver en force de livrer bataille, où il prendra lui-même l'offensive. Ainsi, pendant que l'extrémité de la droite serait débordée, il pourrait marcher sur Varsovie, soit en débouchant sur Ostrolenka et Pultusk, soit en débouchant sur Nur et Sierock, soit en débouchant en droite ligne sur Praga. Tous les dépôts de mon armée doivent être réunis dans Modlin, mais lentement et sans précipitation. Votre corps est destiné à défendre Varsovie; et à cet effet, le 5ᵉ corps à Ostrolenka, le 7ᵉ corps à Sierock et Praga, votre quartier-général à Pultusk, telle est la position que vous recevrez ordre de prendre vers le 10. Le 7ᵉ corps, de retour de Lublin, mettra dans votre main tout votre corps réuni; et alors, si l'ennemi attaque par Ostrolenka ou entre le Bug et la Narew, le corps du Vice-Roi se trouve sur son flanc droit; s'il attaque par Brzesc et par Zamosc, ou s'il vient droit sur Praga avec des forces considérables, le 8ᵉ corps d'abord, le 7ᵉ ensuite, et après le 7ᵉ les Autrichiens, gardent Praga et Varsovie; Modlin et Sierock seront couverts avec le 5ᵉ et le 8ᵉ corps, et plus tard avec les 5ᵉ, 7ᵉ et 8ᵉ corps. Pendant que l'ennemi serait sur les remparts de Praga et sur les bords de la Vistule, se contentant d'appuyer Modlin, Sierock et Pultusk, vous vous trouverez réuni à l'armée, et par mon mouvement à droite, toute son armée se trouverait débordée et jetée dans la Vistule.

» Il n'est point hors de propos que la garde nationale de Varsovie soit organisée, au moins plusieurs bataillons; ils ne peuvent qu'être utiles au service. D'ailleurs je me trouverai toujours en position de pouvoir vous donner de plus grandes explications et d'ajouter des développements à cette instruction générale. Si l'ennemi prenait brusquement l'offensive et que le général Reynier eût quelque peine à regagner Varsovie, ce qui n'est guère probable, vous le soutiendriez par le 4ᵉ corps de cavalerie et par le 8ᵉ corps. Mais, en général, vous devez calculer comme probable que tout votre corps d'armée finira par se porter de Pultusk sur Ostrolenka, sur Nur, sur Bialistok ou sur Grodno. Il est nécessaire que la tête de pont de Pultusk soit achevée et bien armée, ainsi que les ouvrages de Sierock. On m'assure qu'il y a une tête de pont sur la rive gauche, à Sierock; il faut la faire mettre en état. Je me conserverai la rive droite, mais il est possible que j'abandonne toute la rive gauche; bien entendu toutefois que je ne l'abandonnerai qu'à des forces supérieures, et non à une division de 12 à 15,000 hommes, ni à quelques régiments de cosaques.

» Thorn, le 5 juin 1812. »

Quelques jours plus tard, le 10, le major-général envoya de nouveaux ordres de mouvement au roi de Westphalie. On approchait de l'instant où le plan général allait être démasqué; il était probable que l'ennemi appellerait de sa gauche à sa droite toutes ses forces, il fallait donc que notre droite, à nous, fût en position de s'interposer entre Barclay et Bagration; là était tout le nœud de la combinaison de l'Empereur. En conséquence, Jérôme eut pour instruction de s'élever vers le nord avec les 5ᵉ et 8ᵉ corps, tandis que le 7ᵉ se disposerait à quitter Lublin et à marcher sur Praga pour couvrir la Vistule. Mais cette dernière partie des instructions données au roi de Westphalie était subordonnée à l'hypothèse que les Autrichiens du prince de Schwartzemberg seraient à la même époque en mesure de relever Reynier, d'observer les bords du Bug et de remplacer le 7e corps à l'extrême gauche. Or, ainsi qu'on le verra plus loin, les Autrichiens n'étaient pas fort désireux de jouer leur rôle dans ce grand drame; ils opposaient (sans doute en raison des instructions de la cour de Vienne) une force d'inertie à laquelle l'Empereur feignait de ne pas croire, bien qu'il ne pût l'ignorer (1). Quelques jours d'hésitation

(1) Tandis que le prince de Schwartzemberg se trouvait à Lemberg, un officier supérieur, attaché à l'état-major du major-général, fut envoyé en Gallicie pour sonder les intentions des Autrichiens, et tâcher de découvrir si l'on pouvait réellement compter sur une coopération efficace et immédiate de ce corps d'armée. Cet officier fut bien reçu par le prince de Schwartzemberg, mais assez mal par les autres officiers. Il reconnut que, loin de nous être favorables, les Autrichiens marchaient sous nos drapeaux avec une grande répugnance. Il se hâta de revenir auprès de Berthier, qui l'introduisit auprès de l'Empereur, pour que Napoléon jugeât, par le récit du témoin oculaire, de la situation des esprits dans l'armée autrichienne. Napoléon écouta attentivement le rapport qui lui fut fait, puis, sortant et s'adressant à un assez grand nombre de généraux et de grands personnages réunis pour l'attendre, il leur dit précisément l'inverse de ce qui était, assurant avec affectation que le prince de Schwartzemberg et le corps sous ses ordres brûlaient de combattre les Russes, et de rivaliser avec l'armée française.

Un motif politique, facile à comprendre, le faisait agir ainsi; mais il ne pouvait ignorer, après cela, combien peu on devait compter sur le contingent fourni par la cour de Vienne.

pouvaient mettre le roi Jérôme dans l'embarras et retarder ses opérations contre Bagration, puisqu'il devait, avant toute chose, défendre le Grand Duché et empêcher les Russes de se jeter sur la Vistule.

Voici ce que Berthier écrivait au commandant en chef de l'aile droite :

ORDRE *à S. M. le roi de Westphalie.*

« Sire, l'Empereur m'ordonne de prévenir Votre Majesté qu'il suppose que, comme il en a donné l'ordre, la tête du 7ᵉ corps, commandé par le général Reynier, sera arrivée à Lublin, et qu'aussitôt que la tête des Autrichiens sera arrivée à Zamosc, ce que Sa Majesté présume devoir avoir lieu du 15 au 18 juin, il sera nécessaire que le général Reynier rétrograde à marches forcées sur Praga ; que tout le 8ᵉ corps, commandé par le général Vandamme, se porte sur Sierock et Pultusk ; que le quartier-général de Votre Majesté soit porté à Pultusk le 16, et le 18 à Ostrolenka ; et que le quartier-général du prince Poniatowski soit porté le 18 à Nowogrod, communiquant en arrière de la Pisz avec le centre.

» Je préviens Votre Majesté que le général Saint-Cyr, avec le 6ᵉ corps, sera le 16 à Ortelsbourg, et aura sa cavalerie à Johannisburg. Le Vice-Roi sera à Rastenbourg ; le 3ᵉ corps de cavalerie, aux ordres du général Grouchy, sera à Lotzen et à Oletzko. Lorsque le 7ᵉ corps sera de retour sur la Vistule, il doit, aussitôt que possible, appuyer le 5ᵉ, aux ordres du prince Poniatowski, et le 8ᵉ, commandé par le général Vandamme, en laissant cependant de fortes garnisons à Praga, à Modlin et le long de la Vistule, jusqu'à ce que les Autrichiens, arrivés à Praga, puissent couvrir Varsovie et la gauche de la Vistule. Si l'ennemi, Sire, prenait l'offensive sur la droite de la Narew, soit que Votre Majesté prît position sur la Pisz, soit qu'elle rétrogradât sur celle de l'Omulew, l'ennemi prêterait le flanc au Vice-Roi, qui tomberait sur sa droite; si c'était entre la Narew et le Bug que l'ennemi vînt à effectuer un mouvement offensif, le 5e et le 8e corps pourraient déboucher par Ostrolenka et Pultusk, et tomber sur la droite de l'ennemi. Tandis que l'ennemi s'enfoncerait ainsi dans des opérations qui ne le conduiraient à rien, puisque, en dernière analyse, il trouverait la Vistule, il aurait perdu bien des marches, et la gauche de la Grande Armée, qui aurait passé le Niémen, arriverait sur son flanc et sur ses derrières avant qu'il pût se relever. Si, au contraire, l'ennemi ne fait aucun mouvement, Votre Majesté doit le menacer, par des mouvements de troupes légères, de se porter sur Grodno et Bialistok. Vous devrez alors, à cet effet, faire avancer vos pontons et annoncer ouvertement ce projet. Mais le plan général de l'Empereur étant de refuser sa droite et d'avancer sa gauche, ce ne serait réellement qu'après que notre gauche aurait passé, et que ce mouvement aurait produit son effet sur les cantonnements ennemis de Grodno et de Bialistok, que la droite de l'armée se mettrait à la poursuite de l'ennemi, afin de l'occuper et de l'empêcher de se porter tout entier sur la gauche, sans pourtant jamais se compromettre. Il est donc indispensable, Sire, que Votre Majesté étudie bien les positions, afin qu'on n'engage pas d'échauffourée, et qu'elle conçoive bien le plan général des opérations.

» Vous devez, Sire, correspondre souvent avec le Vice-Roi. L'Empereur part après-demain pour se rendre de sa personne à Kœnigsberg, et probablement Sa Majesté sera le 15 à Insterbourg. Votre Majesté doit envoyer ses dépêches par Rastenbourg, d'où le Vice-Roi leur donnera une direction ultérieure, selon les lieux où sera l'Empereur.

» Votre Majesté doit toujours faire courir le bruit que l'Empereur arrive à son corps d'armée à Varsovie.

» Dantzig, le 10 juin 1812. »

En recevant cette dépêche, le roi de Westphalie se hâta de prendre ses dispositions pour exécuter les ordres qu'elle contenait, d'autant que Bagration semblait vouloir faire un mouvement vers le nord-est, du côté de Kobrin et de Brzesc. Le commandant de l'aile droite informa le major-général de ce fait très important, mais sans donner des renseignements positifs sur la force et la composition des corps de l'armée russe qui lui étaient opposés, et dont il se trouvait encore très éloigné. Les seuls renseignements qu'on avait à la droite étaient procurés très difficilement par des espions du pays, tandis qu'au grand quartier impérial on était beaucoup mieux informé. En effet, les états de situation des troupes russes étaient communiqués à Napoléon par des hommes gagnés et attachés au ministère de la guerre de l'empereur Alexandre. Voilà ce qui explique pourquoi, pendant cette campagne, le major-général se trouva souvent connaître beaucoup mieux l'effectif réel des divisions ennemies que les généraux français qui les avaient devant eux et les combattaient.

Ce mouvement de Bagration fit craindre à Napoléon que le général russe n'eût l'intention de marcher par Grodno sur Wilna, et de nouvelles instructions furent à l'instant même expédiées au roi de Westphalie par le major-général :

« Sire, l'Empereur me charge de vous faire connaître que, dans votre lettre du 8, vous annoncez que le corps de Bagration remonte sur Brzesc, et que le corps d'Essen se réunit à Bialistok. Il est fâcheux, Sire, que vous n'ayez pas envoyé, au lieu d'une simple analyse, les rapports originaux, afin qu'on pût les comparer à ceux que nous avons. La lettre que j'ai écrite le 10 à Votre Majesté lui fait suffisamment connaître les intentions de l'Empereur ; mais nous sommes tellement éloignés, que c'est aujourd'hui à vous à manœuvrer selon les circonstances dans l'esprit général de vos instructions. Le mouvement du général Bagration sur Brzesc peut avoir pour but de regagner les marches que nous avons sur lui, afin de pouvoir défendre le passage du Niémen et se trouver à portée de couvrir Wilna avec toutes ses forces réunies, pour donner là une bataille. Si Votre Majesté s'aperçoit que les mouvements de l'ennemi ont ce but, et que

Bagration de Brzesc remonte sur Grodno, elle doit elle-même accélérer ses mouvements pour se porter sur Ostrolenka et Nowogród avec son corps d'armée, et se trouver toujours en mesure d'être opposée à la gauche de l'ennemi, c'est-à-dire à l'armée de Bagration. Si au contraire l'ennemi, s'apercevant que l'Empereur veut le déborder par sa droite, veut prendre l'offensive sur nos flancs, hypothèse qui a été calculée dans le temps, et veut se diriger soit de Brzesc sur Praga, soit de Bialistok sur Pultusk, dans ce cas vous devrez aussi activer le passage de vos forces sur Pultusk et Ostrolenka, afin de garder toujours la rive droite de la Narew, et de maintenir vos communications avec le Vice-Roi. Le Vice-Roi a ordre de s'appuyer toujours sur la gauche de l'armée ; sa ligne d'opérations est sur Thorn. Vous, Sire, vous devez toujours garder votre ligne d'opérations sur Modlin, vous tenir toujours bien réuni, correspondre avec le Vice-Roi, de sorte que le Vice-Roi puisse tomber sur le flanc droit de l'ennemi. Ce mouvement d'attaque de l'ennemi, qui est assez naturel et qui a été prévu dès le commencement, ne peut en rien influer sur les opérations offensives de l'Empereur. *L'important est que la droite que vous commandez ne se commette pas contre des forces supérieures, et manœuvre réunie de position en position.* Si la plus grande partie de l'armée russe se trouvait à cette attaque de flanc, il ne pourrait jamais rien arriver à la droite, qui aurait toujours pour refuge le camp retranché de Modlin et la rive gauche de la Vistule ; mais aussitôt qu'un pareil mouvement de la part des Russes serait décidé, l'Empereur tomberait avec toute son armée sur leur flanc droit et sur leurs derrières. Il est bien difficile que l'ennemi s'expose ainsi à une perte totale; si toutefois il le faisait, la marche que je viens de tracer doit faire connaître à Votre Majesté comment elle doit agir.

» Dantzig, le 11 juin 1812. »

Les craintes de l'Empereur, relativement à cette marche d'une division de Bagration sur Brzesc, n'étaient pas fondées. Les Russes, vers le milieu de juin, étaient encore dans la plus complète et la plus singulière ignorance sur les projets de Napoléon, et ce ne fut que deux ou trois jours après le passage du Niémen, et lorsque déjà les Français étaient à Wilna, que la 2e armée de l'Ouest reçut la nouvelle de ce passage et l'ordre de se diriger sur Vileika; mais n'anticipons pas sur les événements.

La dépêche du 11, du major-général, ne tarda pas à être suivie d'un ordre de mouvement daté du 15 de Kœnigsberg, par lequel il était enjoint aux quatre corps de l'aile droite de se rapprocher du centre de la Grande Armée, afin que cette aile droite fût bientôt en mesure d'isoler complétement Barclay de Bagration en se plaçant entre ces deux généraux, et cela en occupant la route de Grodno à Minsk par Nowogrodek et Nesvij. Malheureusement les Autrichiens du prince de Schwartzemberg, dont le mouvement était à peine commencé, marchaient à petites journées, et se hâtaient si lentement qu'ils ne devaient arriver à Siedlce que vers la fin du mois, et à Praga seulement dans les premiers jours de juillet. Or, tant que le grand duché de Varsovie n'était pas couvert par un corps capable de le mettre à l'abri d'une attaque hardie de l'armée de Bagration, ou même de celle de Tormassof réunie aux 15,000 hommes en position à Mozyr, on pouvait toujours craindre pour la base d'opérations de la droite de la Grande Armée, pour les places de dépôt de Thorn et Modlin. Les ordres de l'Empereur à son frère, du reste, étaient formels; il devait, avant toute chose, songer à couvrir le Grand Duché, *conserver sa ligne d'opération sur Modlin et se tenir toujours bien réuni :* telles étaient les expressions de la lettre du major-général.

Mais revenons à la dépêche du 15 :

ORDRE *à S. M. le roi de Westphalie.*

« Sire, donnez l'ordre au 5ᵉ corps de se mettre en mouvement le 17 juin, pour se rendre à Nowogrod, où il arrivera le 18. Donnez l'ordre au prince Poniatowski d'avoir, à la même époque, son quartier-général à Nowogrod, portant sa cavalerie légère sur Vizsna, se mettant en communication par sa gauche avec celle du général Saint-Cyr, et sur la droite s'éclairant sur Tikoczin; donnez l'ordre au 8ᵉ corps de se mettre en marche le 17, pour se porter sur Pultusk, où il pourra arriver le 18.

» Vous ferez porter le 4ᵉ corps de cavalerie, par une marche de flanc, sur Ostrow, où ce corps sera en mesure de soutenir la cavalerie légère du 5ᵉ et du

7e corps. Donnez l'ordre au général Reynier de revenir à tire-d'aile sur Praga, commençant sa première marche rétrograde le 18, car Sa Majesté suppose que le général Reynier est en échelons, et que dès le 17 vous ferez opérer le même mouvement rétrograde à toutes les troupes que ce général aura près de la Vistule. L'Empereur suppose, Sire, que les points de Modlin, Praga et Varsovie seront, dès le 19 au soir, occupés par les échelons les plus près de la Vistule, et que, dès le 21, tout le corps du général Reynier sera réuni à Varsovie, Modlin, Praga et Sierock, et que sa cavalerie légère sera placée aussi en avant que possible dans la direction de Terespol et de Brock.

» L'intention de l'Empereur, Sire, est que, vers le 20, Votre Majesté porte son quartier-général à Nowogrod, et qu'elle y réunisse le 5e et le 8e corps tout entiers, ainsi que le 4e corps de cavalerie; ce qui vous fera une armée de cinq divisions d'infanterie, forte d'environ 40,000 hommes, et de trois divisions de cavalerie, formant près de 10,000 chevaux, et une centaine de pièces de canon.

» Le général Reynier poussera alors une tête sur Pultusk, afin que, si vous étiez dans le cas de recevoir bataille, tout le corps du général Reynier pût, suivant les circonstances, vous rejoindre. Par là, Votre Majesté se trouverait avoir une force de 70,000 hommes.

» Pendant que les 5e et 8e corps et le 4e corps de cavalerie seront réunis tout entiers à Nowogrod, ce qui aura lieu vers le 20, où Votre Majesté aura elle-même son quartier-général, le 7e corps fournira des détachements et une batterie pour occuper Ostrolenka, garder le pont et garder également Pultusk et Sierock.

» Je vous préviens, Sire, que je donne l'ordre au prince de Schwartzemberg, s'il n'y a rien de nouveau, de se porter sur Siedlce, où il sera arrivé le 25 ; de se mettre en communication avec la droite de votre cavalerie, et de couvrir de cavalerie la ligne du Bug depuis vis-à-vis Nur et Terespol.

» Faites filer, Sire, 500,000 cartouches sur Pultusk et 5 à 6,000 coups de canon, de sorte que cet approvisionnement se trouve plus près de vous de deux jours que de Modlin, ce qui vous servira à remplacer les munitions que vous auriez consommées et à remplir vos caissons. L'intention de l'Empereur est que Votre Majesté fasse établir un hôpital à Pultusk, un à Ostrolenka ; que vous fassiez construire une manutention à Nowogrod et une à Lomza. Ne perdez pas un instant, Sire, pour prendre les mesures nécessaires à l'effet d'approvisionner Nowogrod de toutes les subsistances que le département de Lomza pourra fournir. Faites filer les farines de Pultusk et de Modlin sur Nowogrod.

» Enfin, Sire, faites en sorte qu'il parte successivement et continuellement des farines pour votre armée, de manière que vous puissiez vivre pendant quelques jours à Nowogrod, et en partir avec votre corps d'armée ayant vos vingt jours de vivres intacts.

» Kœnigsberg, le 15 juin 1812. »

L'Empereur, non content des instructions qu'on vient

de lire, écrivit le même jour la lettre suivante, dans laquelle il fait connaître au roi de Westphalie que, vers le 22 ou le 23, il commencera avec la gauche et une partie du centre de la Grande Armée, les opérations offensives sur le Niémen. Déjà, dans sa lettre du 5, il lui avait annoncé qu'il passerait ce fleuve, et qu'il enlèverait Wilna, premier objet de la campagne; dans celle-ci, il ajoute qu'il veut séparer Bagration du reste des troupes russes. Il recommande aussi à son frère de maintenir deux des généraux sous ses ordres (1).

« Mon frère, le major-général vous fait connaître vos ordres, suivant lesquels vous devez avoir votre quartier-général, le 20, à Nowogrod, le Vice-Roi à Olesko, et les Bavarois à Lyk. Tout me porte à penser que les premiers coups de fusil auront lieu du 22 au 23. Les corps russes de la gauche ne pourront donc guère en être instruits que le 24 ou le 25. Je n'ai rien à ajouter aux instructions générales que je vous ai données, ni pour le cas où l'ennemi prendrait l'offensive; il me semble que tout a été prévu, et que dans ce cas mes intentions vous ont été bien expliquées.

» Je porte demain mon quartier-général à Wehlau, après à Insterbourg, et le 18 à Gumbinen. Adressez-

(1) Quelques auteurs ont fait grand bruit des reproches adressés par Napoléon à Jérôme, relativement aux désordres commis par l'aile droite. On voit cependant par cette lettre, qui contient une seule phrase relative à cet objet, que l'Empereur paraissait fort éloigné d'y attacher réellement beaucoup d'importance.

moi vos dépêches par Rastenbourg. J'ordonne au vice-roi de laisser là un commandant de place intelligent, et un peu de gendarmerie. Le commandant de place dirigera les courriers.

» Aussitôt que j'aurai passé le Niémen, je me résoudrai peut-être à marcher sur Wilna. Alors je prêterai le flanc à l'armée de Bagration. Il sera donc nécessaire que vous le suiviez de près pour que vous puissiez prendre part au mouvement que je ferai contre cette armée. Si je parvenais à la séparer du reste des troupes russes, et que je pusse tomber sur son flanc droit, il faudrait que vous fussiez en mesure de l'attaquer en même temps que je l'attaquerai.

» J'ai vu deux bataillons de vos brigades qui m'ont paru bien ; je les ai remis en ligne, parce que j'ai pensé que c'était le meilleur moyen de les rapprocher de vous. Aussitôt qu'on pourra se rejoindre, je les remettrai dans votre corps.

» La nouvelle de la paix des Turcs avec la Russie est controuvée. J'ai reçu des lettres de Bucharest, du 28, et la paix n'était pas faite. Faites toujours courir le bruit que je viens à Varsovie. Ne touchez pas à vos vingt jours de vivres. Vous ne devez y toucher qu'en présence de l'ennemi. On se plaint beaucoup de la discipline de vos troupes. On dit que chacun fait ce qu'il veut. *Maintenez Reynier et Vandamme.* Si vous arrivez sur Bialistok et Grodno, il sera convenable d'organiser le pays. Vous chargerez le prince Poniatowski de ce soin. Il y mettra des Polonais.

Vous trouverez là des ressources considérables. Les Saxons ont avec eux un équipage de pontons; faites venir à vous sur-le-champ ces pontons. Je vois que les Polonais en ont aussi. Cela vous sera précieux. Les Saxons, venant derrière, n'en ont pas besoin. Je vous ai déjà demandé des renseignements sur le nombre de pontons que vous avez.

» Kœnigsberg, le 15 juin 1812. »

Plus on approchait de l'instant fixé pour le commencement des hostilités sur le Niémen, plus les ordres se succédaient rapidement au centre et surtout à la droite de la Grande Armée. Le mouvement de Bagration sur Grodno, qui n'était par le fait qu'un mouvement incertain de ce général sur Wolkowisk pour se lier aux Cosaques de Platof, inquiétait l'Empereur; il craignait toujours que les Russes n'eussent fini par deviner ses projets et ne parvinssent à réunir leurs deux grandes armées de l'Ouest pour lui livrer bataille avec des forces trop considérables. Il ne cessait donc de recommander à son frère de bien observer tous les mouvements de l'ennemi, tout en n'oubliant pas de couvrir le grand duché de Varsovie jusqu'à l'entrée en ligne des Autrichiens. Lorsque, enfin, Napoléon jugea la gauche de la Grande Armée assez avancée vers Kowno, pour que la gauche des Russes ne pût être prévenue à temps de se porter sur Wilna, il fit envoyer à Jérôme l'ordre de marcher vers le Nord, d'occuper Augustowo, le prévenant qu'il ne tarderait pas sans doute à recevoir des instructions pour s'emparer de Grodno. Les dépêches suivantes, du 16 et du 20 juin, du major-général, sont : la première, une modification de l'ordre du 15 ; la seconde, un nouvel ordre de marche pour toute l'aile droite, et l'annonce officielle du mouvement offensif de la gauche pour le 24 ou le 25.

ORDRE *à S. M. le roi de Westphalie.*

« Sire, l'Empereur me charge de faire connaître à Votre Majesté que si l'ennemi ne fait aucun mouvement offensif, il serait préférable que le général Reynier, au lieu de se replier sur Praga, se portât sur Siedlce, ce qu'il pourrait faire en trois ou quatre marches ; il couvrirait là beaucoup mieux Praga et Varsovie. En supposant qu'il parte le 18 de Lublin, il peut être le 21 à Siedlce. Les Autrichiens arrivent le 22 à Lublin : il sera alors en communication avec eux. Les Autrichiens venant à Siedlce le 25, et couvrant Praga, le général Reynier pourra filer en deux jours sur Brock, et former ainsi votre droite. Dans toutes ces positions, la principale instruction que Votre Majesté a à donner au général Reynier serait toujours de couvrir Praga et Varsovie : alors il suffirait que des derniers échelons on prît un régiment saxon pour tenir Praga et un autre pour tenir Modlin. Tout le reste pourrait manœuvrer comme il est dit ci-dessus. L'Empereur attend avec impatience de connaître si Bagration continue son mouvement de Brzesc sur Grodno. Dans ce cas, Sa Majesté trouve qu'il serait convenable que vous pressassiez votre mouvement sur notre droite, afin de vous trouver toujours plus près de nous que Bagration de Wilna : l'Empereur pense même qu'il conviendrait que le prince Poniatowski avec son corps d'armée se portât sur Johannisburg, afin d'être plus en mesure d'arriver sur le point du passage qui sera entre Olitta et Kowno avant le général Bagration.

» Kœnigsberg, le 16 juin 1812. »

ORDRE.

« L'Empereur ordonne que le 5e corps se mette en marche le 22 pour être le 25 à Augustowo ; que le 8e corps se mette en marche le 23 pour se porter sur Raygrod ; que ces deux corps aient avec eux leurs vingt jours de vivres. Le 4e corps de cavalerie couvrira ces deux corps sur la route de Bialistok et de Grodno, et poussera ses postes sur l'une et l'autre direction.

» Le 6e corps sera à Suwalky le 23, et le quartier-général du Vice-Roi sera le même jour à Kalwary ; l'équipage de pont qui appartient au 7e corps marchera avec le 5e.

» Le 7e corps, qui doit arriver le 21 ou le 22 à Siedlce, marchera le 23 sur Brock, laissant une brigade d'infanterie avec de la cavalerie et de l'artillerie à Siedlce, jusqu'à ce que le corps autrichien, qui doit arriver le 25, y soit arrivé. Le 24, aussitôt qu'il sera certain que l'ennemi ne peut plus mettre d'obstacle à l'arrivée des Autrichiens à Siedlce, cette brigade rejoindra à Brock sa division.

» Le 7e corps sera affaibli par un régiment laissé à Modlin et un autre laissé à Praga. Si, dans l'intervalle du 22 au 25, l'ennemi se portait sur Varsovie, la brigade qui sera à Siedlce se portera sur Praga et Sierock, et le corps qui sera à Brok se portera sur Pultusk et Ostrolenka; mais cette hypothèse est peu probable. Le général Reynier sera toujours chargé de couvrir Varsovie, Praga et Modlin.

» Le 24 ou le 25, jour où l'armée prendra l'offensive, les Autrichiens étant en position à Siedlce, si l'ennemi n'a rien tenté d'offensif, le roi de Westphalie pourra donner ordre au 7e corps de s'approcher de Bialistok et Grodno, en supposant que la marche du roi et les mouvements de l'armée accélèrent le mouvement de l'ennemi sur Wilna.

» Gumbinem, le 20 juin 1812. »

Le lendemain du jour où Jérôme reçut cet ordre, une lettre de l'Empereur vint confirmer ces instructions. Nous appellerons l'attention sur cette dépêche, vu son importance. En effet, elle fait pressentir au commandant de l'aile droite qu'il aura bientôt à porter une partie de son armée sur Grodno, sans cependant lui prescrire encore de marcher sur cette ville. Elle confirme en outre le mouvement sur Augustowo, explique l'importance de cette opération, qui fera évacuer toute la province par l'ennemi, et permettra d'agir en masse contre Bagration.

« Mon frère, vous aurez reçu des ordres de l'état-major général pour prendre position sur Augustowo, et pour que le général Reynier se trouve en corps d'observation sur Brok ou Ostrow.

» Les Autrichiens seront, à ce qu'il paraît, le 23 ou le 24 à Siedlce. Le général Reynier doit toujours avoir pour but de couvrir Varsovie, Pultusk et Ostrolenka.

» Vous devez appuyer sur le centre. En cas que l'ennemi tournât votre droite, votre ligne d'opération sera sur Königsberg. Tâchez que les Polonais arrivent le 23 à Augustowo, et faites porter une avant-garde sur Grodno avec beaucoup de troupes légères. Faites avancer votre pont dans cette direction. Il est probable que je vous donnerai l'ordre de vous porter sur Grodno avec toute votre armée, mettant par ce mouvement sur vos derrières ce qui se trouve à Bialystock. Ce mouvement ferait évacuer toute cette province. Vous serez en continuité avec l'armée, de manière que tout donnera toujours en masse, et l'on opérera alors contre le général Bagration, selon la position qu'il occupera.

» Maintenez le plus grand ordre, empêchez le gaspillage. On se plaint que les officiers westphaliens se sont fait nourrir à Varsovie; cela ne vaut rien, surtout pour les personnes qui vous approchent.

» Tenez-vous en correspondance avec le Vice-Roi par votre gauche. Le général Reynier pourra se porter sur Bialistock, aussitôt que vous serez arrivé à Grodno, ayant toujours pour principale instruction de couvrir Varsovie.

» Les Autrichiens se tiendront en observation contre

le corps de Bagration. Je vous ai mandé plusieurs fois de faire avancer les pontons qu'ont les Saxons sur l'avant-garde du 5e corps. Faites-y filer vos sapeurs, etc., afin que le passage se fasse très rapidement.

» Gumbinem, le 21 juin 1812. »

» Je serai cette nuit à Winancki. »

Au moment où la droite de la Grande-Armée, exécutant ces divers ordres de mouvement, se portait sur Augustowo, Bialistok et Grodno, au moment où la gauche franchissait le Niémen, s'emparait de Kowno, et s'apprêtait à tomber sur Wilna, les Russes étaient encore dans l'ignorance des intentions de Napoléon. Bagration, inquiet de la marche des Saxons sur Lublin, ne savait s'il était prudent de s'approcher de Grodno et de Wilna pour rallier Barclay de Tolly, et s'il ne valait pas mieux rester à portée de défendre les rives du Bug. Ainsi, les fausses démonstrations ordonnées par l'Empereur pour tromper l'ennemi avaient eu un plein succès.

De Proujany, Bagration, dans les derniers jours de juin, avait gagné Wolkowisk, occupant ainsi une position intermédiaire entre Slonim et Grodno, et se liant avec l'hetmann Platof, dont la cavalerie légère se trouvait dans la dernière de ces deux villes. Il n'avait pas avec lui toutes ses troupes; il avait laissé à Proujany le général Markof, chargé de l'organisation de deux divisions d'infanterie destinées primitivement à renforcer son armée, mais qui ne le rejoignirent pas et se fondirent dans l'armée de réserve de Tormassof. Il n'est pas sans intérêt de constater ce fait, qui fut ignoré quelque temps à l'état-major général du Roi de Westphalie, car cela fut cause que l'on y prêta toujours à Bagration des forces beaucoup plus considérables que celles dont il disposait réellement; et en outre la réunion de cette infanterie avec les corps de Tormassof mit ce dernier à même d'être bien plus entreprenant qu'on ne devait s'y attendre.

LIVRE TROISIÈME.

Coup d'œil sur les opérations de la Grande Armée du côté de Wilna. — Retraite des six corps de la première armée russe de l'Ouest. — Opérations de la deuxième armée. — Sa force réelle. — Situations des quatre corps formant la droite de la Grande Armée française au 1er juillet 1812. — Marche du roi de Westphalie sur Augustowo. — Marche du 7e corps pour couvrir la droite de Jérôme. — Lenteur des Autrichiens. — Lettres du général Reynier à ce sujet. — Préjudice que cette lenteur cause aux opérations de l'aile droite. — Lettres du 29 et du 30, de Berthier à Jérôme. — Double erreur qu'elles contiennent. — Reconnaissance et rapports du général Allix sur le Niémen et Grodno. — Entrée du roi de Westphalie dans cette ville le 30 juin.

Le 22 juin 1812, la gauche de la Grande Armée étant prête à commencer la campagne, Napoléon adressa à ses troupes la proclamation suivante :

« Soldats!

» La seconde guerre de Pologne est commencée ! La première s'est terminée à Friedland et à Tilsitt. A Tilsitt la Russie a juré éternelle alliance à la France et guerre à l'Angleterre. Elle viole aujourd'hui ses serments! Elle ne veut donner aucune explication de son étrange conduite que les aigles françaises n'aient repassé le Rhin, laissant par là nos alliés à sa discrétion. La Russie est entraînée par la fatalité! ses destins doivent s'accomplir. Nous croirait-elle donc dégénérés ? Ne serions-nous donc plus les soldats d'Austerlitz ? Elle nous place entre le déshonneur et la guerre : le choix ne saurait être douteux. Marchons donc en avant ! Passons le Niémen, portons la guerre sur son territoire. La seconde guerre de la Pologne sera glorieuse aux armes françaises comme la première. Mais la paix que nous conclurons portera avec elle sa garantie et mettra un terme à la funeste influence que la Russie a exercée depuis cinquante ans sur les affaires de l'Europe.

» De notre quartier impérial de Wilkowiski, le 22 juin 1812. »

Le major-général en transmettant cette proclamation au roi de Westphalie lui écrivait :

« Sire, j'ai l'honneur d'envoyer à Votre Majesté une proclamation de l'Empereur par laquelle Sa Majesté fait connaître à son armée que la guerre est commencée.

» L'intention de l'Empereur est que Votre Majesté communique cette proclamation aux 5e, 7e et 8e corps, *seulement dans la matinée du 26 de ce mois.*

» Wilkowiski, le 22 juin 1812. »

On voit, par la dernière phrase de cette lettre, quelle importance on attachait au quartier impérial à tenir jusqu'au dernier moment les Russes dans l'ignorance ou au moins dans l'indécision sur les projets de l'armée française.

Avant de suivre les opérations de l'aile droite contre Bagration et pour bien faire comprendre les mouvements des quatre corps destinés à le combattre, nous croyons utile de donner une analyse rapide des événements qui eurent lieu du côté de Kowno et de Wilna.

Le 23 juin, 300 voltigeurs franchirent le Niémen près de Kowno sans brûler une amorce ; les Cosaques qui occupaient la rive opposée, disparurent dans les bois. Le génie s'empressa de jeter les ponts, et le lendemain, au point du jour, la gauche de la Grande Armée commença son mouvement. Le 26, la garde impériale, les 1er, 2e, 3e corps, la moitié de la cavalerie de Murat sous les ordres de Nansouty et de Montbrun, se trouvaient sur le territoire russe. Kowno fut occupé par nos troupes. Barclay de Tolly, au comble de l'étonnement, battit en retraite, envoyant des ordres, non seulement aux corps de son armée, mais à Bagration pour prescrire un mouvement de concentration sur Wilna. Deux jours après cette ville étant menacée, il modifia ses ordres et marqua la retraite sur Swentziany et Drissa.

Nous avons dit que les généraux de la première armée russe de l'Ouest occupaient les positions suivantes : Wittgenstein, Rossiéna et Keidany ; Bagavout, Kowno ; grand-duc Constantin, Wilna et les environs ; Schouwalof, Nowoi-Troki ; Tutchkof, les approches de Lida et enfin Doctorof, le pays entre Lida et Grodno.

A la nouvelle de l'entrée des Français à Kowno,

Wittgenstein coupé de Barclay de Tolly, menacé d'un côté par Macdonald qui se déployait sur Tilsitt, d'un autre par Oudinot, se replia d'abord sur Wilkomir dans l'espoir de gagner Wilna ; puis, averti du mouvement rétrograde de Barclay, il se retira par Maliaty sur Braslaw, vivement poursuivi par le 2e corps. Bagawout opéra sa retraite primitivement sur Szirwinty pour se rejeter également sur Wilna, mais apprenant la marche de Napoléon sur cette ville, il se dirigea sur Swentziany. Le grand-duc Constantin voyant qu'il était trop tard pour défendre la capitale de la Lithuanie, l'abandonna, et se replia sur Swentziany, second point de concentration assigné par Barclay à ses troupes.

Schouwalof et Tutchkof prirent la même direction. Restait Doctorof dont le mouvement se lie plus directement à notre sujet, car il fut cause, ainsi qu'on le verra plus loin, d'une erreur singulière à laquelle il est impossible de ne pas attribuer les fausses indications du quartier impérial et par suite les ordres inexécutables qui en furent la conséquence.

Doctorof qui se trouvait au-dessous de Lida, à vingt et quelques lieues de Wilna, liant la première et la deuxième armée de l'Ouest, n'eut pas plutôt connaissance du passage du Niémen, qu'il se porta sur Wilna. Il ignorait complétement le mouvement de la Grande Armée sur cette ville, déjà en notre pouvoir. Arrivé à Bol-Solezniky le 30 juin (à neuf lieues de Wilna), Doctorof rencontre un parti de cavalerie français, il comprend que Wilna doit être occupé, qu'il n'a plus qu'une ressource pour nous échapper, et prenant une vigoureuse résolution, il se jette à travers champs pour gagner à Ochmiana la route qui passant par Smorgoni remonte ensuite par Wileika sur Drissa. Au moment où son arrière-garde évacuait Ochmiana, la cavalerie légère de Davout (1er corps) s'y présentait. L'activité de Doctorof le sauva. Nansouty, parti en toute hâte de Wilna, pour lui barrer le passage de la Vilia, ne put l'atteindre qu'à Swir, et le corps russe échappa à une destruction complète au prix de ses convois et d'une partie de son arrière-garde.

Davout, immédiatement après la prise de Wilna, avait été destiné par l'Empereur à se détacher de la gauche et du centre de la Grande Armée, pour concourir avec le roi de Westphalie à isoler entièrement les deux armées russes de Barclay et de Bagration. Il se mit en marche pour Minsk avec deux de ses divisions et sa brigade de cavalerie légère ; ses autres divisions venaient d'être réunies aux corps placés sous les ordres immédiats de Murat et lancés à la poursuite de Barclay. On lui donna comme renfort le corps de cavalerie de Grouchy, la division de grosse cavalerie du duc de Valence, une brigade de lanciers de la garde ; enfin on prescrivit à la division polonaise de Claparède un peu en arrière, de hâter sa marche pour le rejoindre. Le prince d'Eckmuhl se trouva alors à la tête de 40,000 hommes.

Ainsi donc, à la fin de juin Wilna était pris ; les six corps dont se composait la première armée russe étaient en pleine retraite par des lignes divergentes sur Swentziany et Drissa, poursuivis par les trois premiers corps de la Grande Armée. Davout, avec 40,000 hommes, courait se placer entre Barclay et Bagration, pour aider la droite de la Grande Armée à empêcher ce dernier de percer sur Wilna ou sur Drissa.

Voyons maintenant ce que devenait la deuxième armée russe de l'Ouest.

Indécis jusqu'au dernier moment, comme tous les généraux d'Alexandre, sur les projets de Napoléon, Bagration se tenait concentré entre Slonim, Grodno et Bialistok, éclairé par les Cosaques de Platof, plus spécialement chargés de couvrir Grodno ; et en communication avec l'extrême gauche de Barclay de Tolly (corps de Doctorof). L'armée de Bagration était censée formée des 7e et 8e corps d'infanterie, d'une division de grenadiers réunis, des 4e, 5e et 6e corps de cavalerie, de près de 12,000 Cosaques et de 16,000 *hommes du corps de Markof*, mais, en réalité, Bagration n'avait pas avec lui ces 16,000 hommes formant deux divisions. On les organisait à Prujani ; elles ne purent le rejoindre, et formèrent le noyau de l'armée de Tormassof. Il disposait donc de 40,000 fantassins environ, et de 20 à 24,000 cavaliers réguliers ou Cosaques.

Un fait fort important à constater, c'est que Bagration pensa toujours, jusqu'à l'affaire de Mohilow, avoir devant lui toutes les divisions du corps de Davout, et que ce dernier et le roi de Westphalie, ignorant la destination donnée aux deux divisions du général Markof, crurent longtemps la deuxième armée de l'Ouest en état de mettre en ligne de 55 à 60,000 baïonnettes.

Une fois sur le territoire russe, il fut très difficile de se procurer des renseignements bien positifs sur l'armée ennemie, en sorte que Jérôme, n'ayant avec lui que les 5e et 8e corps et la cavalerie de Latour-Maubourg, ne se crut pas assez fort pour attaquer la seconde armée de l'Ouest (1) avant d'être en communication avec le corps du prince d'Eckmuhl (2). Ce dernier, de son côté, n'osait lutter seul contre les 80,000 hommes qu'il supposait à Bagration; et enfin, Bagration, persuadé que Jérôme et Davout n'avaient pas avec eux moins de 70 à 80,000 combattants chacun, n'osa essayer de percer vers Smorgoni d'abord, et vers Minsk ensuite, lorsqu'il apprit l'arrivée de Davout dans cette dernière ville; aussi préféra-t-il entreprendre un mouvement de retraite long et difficile pour gagner la Bérésina.

Le 25 juin, le prince Bagration, comme l'avait prévu l'Empereur, fut enfin informé du passage du Niémen et reçut en même temps l'ordre de rallier à

(1) Le 7e corps resta longtemps sur la droite pour couvrir le Grand-Duché de Varsovie, attendant les Autrichiens du prince de Schwartzemberg qui avançaient le plus lentement possible.

(2) Qu'on se rappelle cette instruction générale, si formelle, si positive, qui devait être comme la ligne de conduite du roi de Westphalie, instruction contenue dans la lettre du 11 juin de Berthier : *L'important est que la droite que vous commandez ne se commette pas contre des forces supérieures, et manœuvre réunie de position en position.*

marches forcées l'armée de Barclay de Tolly à Wilna. Il se hâta de quitter Wolkowisk pour gagner par Bielitza la route d'Ochmiana, Lida et Wilna. L'hetmann Platof, à qui on avait envoyé les mêmes instructions, avait abandonné Grodno pour se porter également sur Lida, battant en retraite devant la droite de la Grande Armée ; mais arrivé le 1er juillet à Lida, il apprit l'occupation de Wilna par les Français, et se replia sur Nowogrodek, afin de gagner Neswij, Minsk, et de remonter ensuite au nord vers Vileika, d'y franchir la Vilia près de sa source et de gagner Disna.

Bagration, arrivé le 28 à quelques lieues de Grodno, avait appris l'entrée de Napoléon à Wilna ; il s'était décidé à se replier sur Slonim. Son mouvement avait commencé le 29. Ce jour-là il fut rejoint par un aide-de-camp de Barclay de Tolly, qui lui apportait l'ordre de gagner le camp de Drissa par Nowogrodek, Minsk et Vileika ; il s'empressa de marcher dans la nouvelle direction qui lui était assignée, et le 3 juillet il arriva à Nowogrodek, où il rallia les Cosaques de Platof.

Laissons maintenant Platof et Bagration réunis, prêts à se porter sur Nicolaiew pour y franchir le Niémen, et revenons aux opérations de la droite de la Grande Armée, dont nous allons donner d'abord une situation exacte.

AILE DROITE DE LA GRANDE-ARMÉE

AU 1er JUILLET 1812.

Commandant en chef, **JÉROME NAPOLÉON Ier**, roi de Westphalie.

Chef d'état-major général, le général de division comte **MARCHAND**.

Sous-chef d'état-major général, le colonel PELET.

Commandant l'artillerie, le général de division ALLIX.

Commandant le génie, X....

5e CORPS (POLONAIS).

Commandant en chef, le général de division prince **PONIATOWSKI** (4 aides-de-camp).

Chef d'état-major, le général FISZER (3 aides-de-camp).

Sous-chef d'état-major, l'adjudant-commandant RAUTENSTRAUCH.

(15 officiers employés à l'état-major, 4 à la suite).

Commandant l'artillerie, le général de brigade PELLETIER. (2 aides-de-camp.)

Chef d'état-major de l'artillerie, le colonel *Redell* (1 officier adjoint).

Commandant le génie, le colonel MALLET (4 officiers adjoints).

Commandant en second, le chef de bataillon de sapeurs *Potocki.*

Inspecteur aux revues, HRYNIEURCY.

Sous-inspecteur, *Sarmouski* (2 commissaires des guerres).

Ordonnateur en chef, le général de brigade WASCTNOSKI (3 adjoints).

16e DIVISION D'INFANTERIE.

Général de division, ZAIONCHEK (2 aides-de-camp).

Chef d'état-major, l'adjudant-commandant WEYSSENHOFF (2 officiers adjoints).

1re brigade.

Général de brigade MIEBRYNSKI (1 aide-de-camp).

3e régiment d'infanterie, colonel *Zabriowski :* 3 bataillons forts de 63 off., 2,558 hom. présents, dont 2 off. et 62 hom. pour l'artillerie régimentaire, 109 chev.

15e régiment d'infanterie, colonel *Minskowski :* 3 bataillons forts de 59 off., 2,616 hom., dont 2 off. et 63 hom. pour l'artillerie régimentaire, 101 chev.

2e brigade.

Général de brigade PASZHOWKI (1 aide-de-camp).

13e régiment d'infanterie, colonel *Jymirski :* 3 bataillons forts de 67 off., 2,612 hom., dont 2 off. et 56 hom. pour l'artillerie régimentaire, 107 chev.

16e régiment d'infanterie, colonel prince *Czartoryski :* 3 bataillons forts de 58 off., 2,313 hom., dont 1 off. et 62 hom. pour l'artillerie régimentaire, 109 chev.

18e brigade de cavalerie légère.

Général de brigade KAMIENSKI (1 aide-de-camp).

4e régiment de cavalerie légère, colonel *Dulfus :* 4 escadrons forts de 38 off., 748 hom., 829 chev.

Artillerie et génie, 11 off., 426 hom., 428 chev.

Total général de la division : 296 off., 11,273 hom., 1,685 chev.

17e DIVISION.

Général de division DABRONSKI (3 aides-de-camp).

Chef d'état-major, l'adjudant commandant CEDROWSKI (1 off. adjoint).

1re brigade.

Général de brigade KRASINSKI (2 aides-de-camp).

1er régiment d'infanterie, colonel *Machowski* : 3 bataillons forts de 60 off., 2,336 hom., dont 2 off. et 60 hom. pour l'artillerie régimentaire, 106 chev.

6e régiment d'infanterie, colonel *Siekauski* : 3 bataillons forts de 54 off., 2,633 hom., dont 2 off. et 65 hom. pour l'artillerie régimentaire, 107 chev.

2e brigade.

Général de brigade ZOTOWSKI (2 aides-de-camp).

14e régiment d'infanterie, colonel *Semianowski* : 3 bataillons forts de 55 off., 2,489 hom., dont 2 off. et 65 hom. pour l'artillerie régimentaire, 99 chev.

17e régiment d'infanterie, colonel *Hornowski* : 3 bataillons forts de 60 off., 2,606 hom., dont 2 off. et 65 hom. pour l'artillerie régimentaire, 106 chev.

8e brigade de cavalerie légère.

Général de brigade TYSZLUIEREZ (2 aides-de-camp).

1er régiment de chasseurs, colonel *Prabendowski* : 4 escadrons forts de 28 off., 624 hom., 710 chev.

12e régiment de lanciers : 4 escadrons forts de 30 off., 647 hom., 737 chev.

Artillerie et génie : 13 off., 463 hom., 432 chev.

Total général de la division : 300 off., 11,798 hom., 2,297 chev.

18e DIVISION.

Général de division KAMENIECKI (3 aides-de-camp).

Chef d'état-major adjudant-commandant WIERZBICKI (1 off. adjoint).

1re brigade.

Général de brigade GRABOWSKI (2 aides-de-camp).

2e régiment d'infanterie, colonel *Kuckourecki* : 3 bataillons forts de 56 off., 2,364 hom., dont 1 off. et 52 hom. pour l'artillerie régimentaire, 109 chev.

8e régiment d'infanterie, colonel *Stuart* : 3 bataillons forts de 60 off., 2,362 hom., dont 2 off. et 62 hom. pour l'artillerie régimentaire, 114 chev.

12e régiment d'infanterie, colonel *Wierbinski* : 3 bataillons forts de 57 off., 2,173 hom., dont 2 off. et 58 hom. pour l'artillerie régimentaire, 109 chev.

20e brigade de cavalerie.

Général de brigade, prince SULKEROSKI (2 aides-de-camp).

5e régiment de chasseurs, colonel *Kurnataoski* : 4 escadrons forts de 32 off., 759 hom., 856 chev.

13e hussards, colonel *Jolinski* : 4 escadrons forts de 33 off., 722 hom., 832 chev.

Artillerie et génie : 13 off., 428 hom., 428 chev.

Total général de la division : 251 off., 8,808 hom., 2,446 chev.

Réserve de l'artillerie, colonel commandant *Gorski* : 10 off., 425 hom., 606 chev.

Parc général d'artillerie, chef d'escadrons commandant *Kobytanski* : 12 off., 517 hom., 721 chev.

Équipages de pont : 4 off., 165 hom., 125 chev.
Parc du génie : 14 off., 724 hom., 1,054 chev.

Récapitulation générale du 5e corps.

33 bataillons, 20 escadrons, 887 off., 33,710 hom. de troupe, 8,916 chev. dont 4,460 de trait.

8e CORPS (WESTPHALIENS).

Commandant en chef, général de division comte **VANDAMME** (1) (2 aides-de-camp).

Chef d'état-major, l'adjudant commandant REVEST (5 off. adjoints, 3 à la suite).

23e DIVISION.

Général de division commandant, baron THARREAU (3 aides-de-camp).

Chef d'état-major, colonel baron DE BORSTEL (4 adjoints).

1re brigade.

Général de brigade, DAMAS (2 aides-de-camp).

3e bataillon d'infanterie légère, chef de bataillon *Hessberg* : 1 bataillon de 23 off., 699 hom., 18 chev.

2e régiment d'infanterie de ligne, colonel *Fullgraff* : 3 ba-

(1) Le général Vandamme ne fut pas longtemps à la tête de ce corps d'armée, le roi de Westphalie eut lieu d'être mécontent de quelques mesures prises par cet officier général, et il demanda son changement à l'Empereur. Le 8e corps fut commandé par le général de division Tharreau.

taillons de 67 off., 2,400 hom., dont 54 hom., de l'artillerie régimentaire, 85 chev.

6e régiment d'infanterie de ligne, colonel *Ruelle* : 2 bataillons forts de 44 off., 1,522 hom., dont 53 hom. de l'artillerie régimentaire, 74 chev.

2e brigade.

Général de Brigade, comte WICKENBERG (2 aides-de-camp).

2e bataillon d'infanterie légère, chef de bataillon *Bodîcker*, fort de 21 off., 735 hom., 18 chev.

3e régiment de ligne, colonel *Bernard* : 2 bataillons forts de 42 off., 1,630 hom., dont 49 à l'artillerie régimentaire, 72 chev.

7e régiment de ligne, major *Smallian* : 3 bataillons forts de 61 off., 2,174 hom., dont 55 à l'artillerie régimentaire, 82 chev.

Total général de la division : 258 off., 9,160 hom, 349 chev.

24e DIVISION.

Général de division commandant, baron D'OCHS (3 aides-de-camp).

Chef d'état-major, colonel HUMBERT (3 adjoints).

1re brigade.

Général de brigade LEGRAS.

Chasseurs-carabiniers, chef de bataillon *Hessberg* : 28 off., 637 hom., 28 chev.

Chasseurs-gardes, major *Picot* : 25 off., 805 hom., 23 chev.

Grenadiers-gardes, major *Muldner* : 28 off., 838 hom. dont 1 off. et 38 hom. d'artillerie, 49 chev.

1er bataillon d'infanterie légère, chef de bataillon *Rauschenplat* : 17 off., 793 hom., 18 chev.

5e régiment d'infanterie de ligne, colonel *Gissot* : 2 bataillons orts de 47 off., 1716 hom., dont 54 artilleurs, 74 chev.

Total général de la division : 145 off., 4,789 hom., 192 chev.

24e brigade de cavalerie légère.

Général de brigade, comte HAMMERSTEIN (2 aides-de-camp).

Chef d'état-major, le chef d'escadron *de Reiche.*

1er régiment de hussards, colonel *Zandt* : 36 off., 543 hom., 644 chev.

2e régiment de hussards, colonel *Hessberg* : 36 off., 550 hom., 638 chev.

Total de la brigade : 72 off., 1,093 hom., 1,282 chev.

Artillerie et génie : 18 off., 839 hom., 661 chev.

Récapitulation générale du 8e corps.

18 bataillons, 8 escadrons, 493 off., 15,881 hom. de troupes, 2,484 chev., dont 932 de trait.

7e CORPS (WURTEMBERGEOIS ET SAXONS).

Commandant en chef, le général de division comte REYNIER (3 aides-de-camp).

Chef d'état-major général, l'adjudant commandant baron GRESSOT (4 adjoints).

1re DIVISION D'INFANTERIE.

Général de division commandant, LECOQ (2 aides-de-camp).

Chef d'état-major, lieutenant-colonel *de Ryssel.*

1re brigade.

Général de brigade DE STEINDEL.

3 régiments d'infanterie : 158 off., 6,180 hom., 259 chev.

Artillerie : 12 off., 451 hom., 328 chev.

Génie : 2 off., 66 hom., 19 chev.

Total général de la division : 179 off., 6,672 hom., 299 chev.

2e DIVISION D'INFANTERIE.

Général de division commandant, DE FUNK (2 aides-de-camp).

Lieutenant-colonel chef d'état-major, *de Zezs* (2 adjoints).

1re brigade.

Général de brigade, DE KLENGEL (2 aides-de-camp).

2e brigade.

Général de brigade DE SAHR.

Divers régiments : 153 off., 6,067 hom., 241 chev.

Artillerie.

Major commandant, *Auenmuller* (1 adjoint).

11 off., 349 hom., 291 chev.

Total général de la 2e division : 172 off., 6,424 hom., 629 chev.

1re brigade de cavalerie.

Général de brigade DE GABLENZ (2 aides-de-camp).

104 off., 2,080 hom., 2,587 chev.

2e brigade de cavalerie.

Général de brigade CHIELMANN.

12 escadrons.

Artillerie.

Lieutenant-colonel commandant, DE HOYEN.

Lieutenant-adjudant-major, *Blassmann.*

54 off., 1,539 hom., 1,482 chev.

Récapitulation générale du 7e corps.

18 bataillons, 28 escadrons, 498 off., 15,812 hom. de troupe, 2,631 chev., dont 1,804 de trait.

4e CORPS DE RÉSERVE DE CAVALERIE.

Général de division commandant en chef, baron **LATOUR-MAUBOURG** (3 aides-de-camp).

Chef-d'escadron chef d'état-major général X..... (1 adjoint).

Colonel commandant l'artillerie, HURTIG.

Ordonnateur, DOBIECKI.

4e DIVISION (CAVALERIE LÉGÈRE).

Général de division ROZNIECKI (3 aides-de-camp).

Chef de l'état-major, l'adjudant commandant SZMULANSKI (2 adjoints).

1re brigade.

Général de brigade AZNEWANOUSKI (2 aides-de-camp).

2e régiment de lanciers, colonel *Prasceki* : 3 escadrons de 25 off., 571 hom., 651 chev.

7e régiment de lanciers, colonel *Zawadrki* : 3 escadrons de 33 off., 639 hom., 743 chev.

11e régiment de lanciers, colonel *Potorki* : 3 escadrons de 27 off., 524 hom., 604 chev.

2e brigade.

Général de brigade, GURNO (2 aides-de-camp).

3e régiment de lanciers, colonel *Radzimin* : 3 escadrons de 26 off., 632 hom., 686 chev.

15e régiment de lanciers, colonel *Pae* : 3 escadrons de 31 off., 697 hom., 791 chev.

.... régiment, colonel X.....: 3 escadrons de 31 off., 657 hom., 755 chev.

Total général de la division : 173 off., 3,720 hom., 4,230 chev.

9e DIVISION (GROSSE CAVALERIE).

Général de division, LORGE (2 aides-de-camp).

1re brigade.

Général de division, THIELNAU (2 aides-de-camp).

Parc du corps, colonel *Heiger* : 5 escadrons de 29 off., 613 hom., 692 chev.

Cuirassiers de L....., colonel *X*... : 4 escadrons de 31 off., 596 hom., 712 chev.

Cuirassiers Pol... : 2 escadrons de 20 off., 352 hom., 409 chev.

2e brigade.

Général de brigade DE LEPEL (2 aides-de-camp).

..... régiment, colonel *Gilgen* : 4 escadrons de 34 off., 504 hom., 593 chev.

Régiment de ...., colonel *Bastinel* : 4 escadrons de 32 off., 503 hom., 593 chev.

Artillerie.

Colonel commandant HURTIG.

Chef d'escadron, *Scheverin*.

22 off., 634 hom., 922 chev.

Total général de la division : 146 off., 2,568 hom., 2,999 chev.

Récapitulation générale du 4ᵉ corps de réserve.

38 escadrons, 341 off., 6,922 hom. de troupes, 8,151 chev., dont 716 de trait.

FORCE DE L'AILE DROITE DE LA GRANDE ARMÉE.

	Bat.	Escad.	Hommes.		Chevaux.
			Off.	Troupe.	
5ᵉ corps (Polonais). . .	33	20	887	33,710	8,916
8ᵉ corps (Westphaliens).	18	8	493	15,881	2,484
7ᵉ corps (Wurtembergeois et Saxons). . . .	18	28	498	15,812	2,631
4ᵉ corps de réserve de cavalerie.	»	38	341	6,922	8,151
Totaux. . .	69	94	2,219	72,325	22,182
			74,544.		

Nous avons laissé les 5ᵉ et 8ᵉ corps et la cavalerie de Latour-Maubourg en position vers Sierock et Pultusk le 16 juin. Jérôme ayant lieu de craindre, d'après les rapports de sa cavalerie légère, que le mouvement qu'on annonçait de Bagration sur Grodno, n'eût pour objet de menacer la ligne de la Vistule en la prenant à revers, et en débouchant par Nowogrod sur Ostrolenka, résolut de choisir entre le Bug et la Narew, soit vers Nowogrod, soit vers Lomza, une position avantageuse qu'il pût occuper pour y livrer bataille à l'armée russe.

Il avait à son état-major général un officier supérieur, le colonel Pelet, habitué aux reconnaissances; il lui enjoignit de remonter la Narew et de lui faire un rapport sur les diverses positions offensives et défensives favorables à une armée. Le mouvement de Bagration n'ayant pas continué, et les ordres du quartier impérial étant formels, le roi de Westphalie dut abandonner ses projets et il se mit en marche avec les 5e et 8e corps et le 4e de cavalerie, pour gagner Augustowo (1). On peut évaluer à 40,000 fantassins et de 10 à 12,000 chevaux les forces qu'il avait sous la main, et à cinquante et quelques lieues la distance qui le séparait d'Augustowo.

Les troupes occupèrent Ostrolenka le 21, Nowogrod le 22, Kolno le 23, Szczuczyn le 24, Grajewo le 25, Raygrod le 26 et enfin Augustowo le 27, laissant sur la droite Bialistok et Grodno.

Le général Reynier, dont les mouvements étaient toujours subordonnés au plus ou au moins de zèle des Autrichiens, avait quitté Lublin le 16, pour venir établir son quartier-général le 18 à Praga. Il y séjourna jusqu'au 21, pour donner le temps à tout le 7e corps

(1) Le mouvement de l'aile droite sur Augustowo et la retraite de Bagration rendirent inutile la reconnaissance militaire faite par le colonel Pelet; mais les indications que contenait son rapport, pour le placement des troupes, furent souvent suivies pendant la marche vers le Nord.

de se réunir sur la Vistule et sur le Bug, et afin que le prince de Schwartzemberg, dont la marche était fort lente, pût atteindre Siedlce et le remplacer dans la mission de couvrir le Grand Duché. Le 22, le 7e corps gagna Pultusk, ayant une partie de sa cavalerie légère sur le Bug, de Brock à Terespol. Il laissa une de ses brigades à Praga et à Modlin pour y tenir garnison jusqu'à l'arrivée des Autrichiens. Le 23, les troupes de Reynier prenant la route de Brock sur la rive droite du Bug, pour gagner ensuite Bialistok, vinrent s'établir à Wyskow. Le 24, elles gagnèrent Brock ayant leurs avant-postes jusqu'à Nur et entrant en communication par Wegrow avec les troupes légères du prince de Schwartzemberg enfin parvenu à Siedlce. Le 26, le quartier-général fut établi à Ostrow, le 27 à Sumowo, le 28 à Zambrow où le commandant en chef attendit de nouvelles instructions, soit pour se replier sur Schwartzemberg et concourir à la défense du Grand Duché, soit pour appuyer le mouvement des 5e et 8e corps contre Bagration.

Le général Reynier, ainsi qu'on le verra par les deux lettres suivantes des 25 et 26 juin au roi de Westphalie, fut très mécontent de l'ordre qui lui enjoignait de laisser une de ses brigades à Praga et Modlin, et il lui parut fort inutile qu'elle restât dans ces deux places lorsque les Autrichiens entrés en ligne auraient pu la relever ; mais cette fois encore cet officier général ne connaissait pas le motif secret qui faisait agir le commandant en chef de l'aile droite.

Jérôme n'ignorait pas les mauvaises dispositions de l'armée autrichienne à notre égard, et son vif désir d'occuper Varsovie, Modlin et la Vistule. En cas de revers, il était possible que ce fût un grand danger, car des alliés aussi douteux pouvaient trahir comme le firent quelques mois plus tard les Prussiens du duc d'Yorck; il était donc prudent d'avoir dans ces deux villes, clefs de notre base d'opération, des régiments sûrs. Le roi de Westphalie fut tellement frappé de ces considérations, il en comprenait si bien l'importance, qu'il les soumit à l'Empereur et fit modifier, ainsi que nous le verrons un peu plus loin, les instructions du corps autrichien.

Voici les deux dépêches de Reynier:

« Sire, l'officier que j'ai envoyé au prince de Schwartzemberg pour le prévenir de mon mouvement sur Brock est de retour, et m'annonce que l'avant-garde autrichienne était hier à Siedlce. Le prince de Schwartzemberg m'écrit que tout son corps sera réuni aujourd'hui 25 à Siedlce, et qu'il détachera des troupes sur les bords du Bug, pour se mettre en correspondance avec moi par Brock et Nur. Il m'envoie le rapport dont je joins copie sur la marche du corps du prince Bagration. L'armée autrichienne étant réunie aujourd'hui à Siedlce, je commencerai demain matin mon mouvement pour aller à la position de Wiszna, et j'en préviens le prince de Schwartzemberg. Ma cavalerie légère ira demain à Andrzeiewo, la brigade d'infanterie arrive aujourd'hui ici, avec moi, à Ostrow, j'irai à Szumowo avec une partie de la 1re division. Je serai le 27 vers Sniadow avec l'infanterie; ma cavalerie légère sera à Zambrow et Wysokie. Le 28, je me rendrai à Lomza où je devrai passer la Narew et le 29 je prendrai la position de Wiszna.

» Depuis l'ordre que j'ai reçu de marcher à Brock, je n'ai rien reçu de l'état-major de Votre Majesté, ainsi j'ignore où est son quartier-général, et la position du 8e corps. J'attends des réponses aux lettres que j'ai écrites par l'officier qui m'a apporté l'ordre de marcher à Brock, particulièrement pour savoir si rien n'est changé aux premières dispositions, pour les régiments que j'ai eu l'ordre de détacher à Praga et Modlin, jusqu'à l'arrivée de l'armée autrichienne. Etant cependant averti que l'armée autrichienne sera, après mon départ de Brock pour Wiszna, chargée de couvrir Varsovie et Modlin et que le prince Schwartzemberg doit y détacher des troupes, j'envoie à la brigade que j'ai laissée à Praga et à Modlin, l'ordre de rejoindre à marches forcées le 7e corps et d'être rendue le 1er juillet à la position de Wiszna. Les pontons sont si mal attelés qu'ils ne pourront arriver que demain soir et peut-être après demain à Ostrolenka, d'où ils continueront leur marche.

» Brock, le 25 juin 1812. »

« Sire, j'ai eu l'honneur d'écrire hier à Votre Majesté, de Brock, que l'armée autrichienne était réunie à Siedlce, et que je commencerais aujourd'hui mon mouvement pour aller à Viszna où j'arriverais le 29. La lettre que le général Marchand m'a écrite le 24 de Stawiszki pour me transmettre l'ordre de Votre Majesté de me diriger sur Tykoczin, route de Bialistok, ne m'est parvenue que cette nuit. Je changerai un peu ma marche, pour éviter de passer deux fois la Narew à Lomza et Wiszna. Toute l'infanterie et l'artillerie disponibles, à l'exception de la brigade restée à Praga et Modlin, seront réunies le 28 à Zambrow. Le 29, je serai à Zawady, et ma cavalerie légère sur les bords de la Narew, depuis Lomza jusqu'à Tykoczin. Le 30, je serai en mesure de passer la Narew et de marcher sur Bialistok.

» Je dois faire observer à Votre Majesté, qu'ayant laissé une brigade à Praga et Modlin, et plusieurs détachements étant en arrière pour amener les convois de vivres, je ne pourrai mettre en bataille, le 30, que 7,500 hommes d'infanterie, et 1,600 chevaux avec 42 bouches à feu, tandis que le corps que je commande est toujours considéré comme un corps de 20,000 hommes.

» Comme je l'ai écrit hier à Votre Majesté, j'avais cru, d'après les précédents ordres que j'avais reçus, que les régiments détachés à Praga et Modlin devraient me rejoindre aussitôt que l'armée autrichienne me remplacerait dans la mission de couvrir Varsovie et Modlin, et j'ai envoyé hier à ces régiments l'ordre de me rejoindre à marches forcées. J'ai vu avec peine, dans la lettre du général Marchand, que ces régiments devaient rester à Praga et Modlin ; peut-être que Votre Majesté n'avait pas encore la certitude de l'arrivée de l'armée autrichienne. Si le contre-ordre n'est pas arrivé à temps pour empêcher le départ de ces régiments, je les ferai arrêter à Sierock en attendant la décision de Votre Majesté, et ils pourront de là me rejoindre, ou retourner à Praga et Modlin, si cela est nécessaire.

» Les rapports de la frontière annoncent toujours que le général Essen (1) est avec son corps dans les environs de Bielsk. Il est peu probable qu'il n'ait pas reçu l'ordre de se rapprocher de Wilna comme le prince Bagration, vu qu'il reste là d'après les mouvements de notre armée, à moins qu'il ne soit chargé, comme dans la précédente campagne, de manœuvrer sur les flancs de notre armée ; dans cette dernière supposition, quoique peu probable, je devrai marcher avec précaution et me procurer de bons renseignements sur ses positions et mouvements. J'enverrai à Votre Majesté les renseignements que je recevrai, et les rapports de mes reconnaissances ; je tâcherai toujours, le 30, de me mettre en correspondance directe avec Votre Majesté, de Tykoczin sur Grodno, et, s'il est possible, par Bialistok.

» Je suis, etc. »

» Ostrow, le 26 juin 1812. »

(1) Le général Essen était parti pour Riga, afin d'y prendre le commandement d'un corps de réserve qu'il devait organiser.

« *P. S.* Je reçois à l'instant la lettre et le rapport ci-joint du prince de Schwartzemberg. Je l'ai invité à ne pas trop s'éloigner du Bug, et à se placer, avec ses principales forces, vers Grodek, sur le Bug, ayant sa droite à Brzesc et sa gauche à Nur, et à continuer de correspondre avec moi par Brock jusqu'à ce qu'on ait des nouvelles précises du corps du général Essen, afin que nous puissions agir ensemble et nous soutenir réciproquement, si le général Essen tentait quelque opération offensive.

» Comme il paraît avoir l'ordre d'envoyer les garnisons qui pourraient être nécessaires à Praga et Modlin, je laisserai rejoindre mes régiments si le contre-ordre n'est pas arrivé à temps pour empêcher leur départ. »

Lettre du prince de Schwartzemberg, datée de Siedlce, du 25 juin 1812.

« Monsieur le général, mon aide-de-camp, le comte de Paar, étant parti du quartier-général de Sa Majesté l'Empereur du 20 au 21, m'a remis hier soir des instructions d'après lesquelles il m'est ordonné de me concerter avec vous, général, sur les moyens d'agir conjointement pour seconder les opérations de la gauche, en marchant ou sur Brzesc ou sur Bialistok ; que dans le cas, cependant, où l'ennemi menacerait avec des forces supérieures ma communication avec Varsovie, j'avais à me porter sur Praga, Modlin, Sierock, pour opérer ainsi une jonction avec votre corps, couvrir en même temps ces trois points et la rive droite de la Narew, et passer de là à l'offensive, si nous en trouvons le moment favorable.

» Je m'empresse, monsieur le comte, de vous envoyer le major Neumann, de mon état-major, pour ouvrir nos communications sur cet objet, et je me rapporte, au reste, à ce qu'il aura l'honneur de vous dire lui-même. »

Le général Reynier avait beau faire pour presser le mouvement du prince de Schwartzemberg, il ne pouvait parvenir à vaincre la mauvaise volonté des Autrichiens. Dans un moment où le moindre retard pouvait avoir une influence si funeste sur l'ensemble des opérations, ce mauvais vouloir était une véritable calamité. Le roi de Westphalie devait *marcher réuni pour se présenter à Bagration avec des forces imposantes ;* le 7e corps, qui le flanquait à droite et couvrait ses mouvements du côté de Bialistok, avait pour mission première de ne s'éloigner des bords de la Vistule qu'après avoir été remplacé dans la défense du Grand Duché par les Autrichiens : il résultait donc naturellement de la lenteur de ces derniers : 1° que Reynier, ne pouvant abandonner ses positions qu'au fur et à mesure qu'il y était remplacé par le corps de Schwartzemberg, il lui était impossible de suivre le mouvement vers le nord du roi de Westphalie, de couvrir la droite des 5e et 8e corps, et d'être en mesure, en cas de bataille décisive, d'arriver sur le terrain en temps utile avec le 7e corps ;

2° Que, par suite de cet éloignement du 7e corps, Jérôme ne pouvait mettre dans sa marche offensive contre Bagration la même résolution qu'il aurait montrée si Reynier eût été à portée de couvrir son flanc droit et de l'appuyer au besoin ;

3° Que le commandant en chef de l'aile droite avait toujours à craindre de laisser une distance trop considérable entre les 5e et 8e corps et le 7e, parce que l'ennemi pouvait en profiter pour faire un retour offensif, percer sa ligne, passer entre son centre et son extrême droite, et attaquer le Grand Duché.

Par conséquent, il est positif que les mouvements de Jérôme et de Reynier étaient en quelque sorte soumis à ceux de Schwartzemberg ; or la lettre suivante du commandant du 7e corps au roi de Westphalie montrera le peu de bonne volonté des troupes autrichiennes.

« Sire, ayant dû attendre, pour faire mon mouvement sur Bialistok, des nouvelles exactes du départ du corps du général Essen et des réponses du prince de Schwartzemberg, que je cherchais à engager à s'avancer, *je ne pourrai arriver que demain à Bialistok* avec mon avant-garde, parce qu'il est nécessaire de construire à Suraz un pont sur la Narew, dont les Cosaques ont détruit toutes les barques, et où il n'y a pas de gué de Suraz à Tykoczin.

» Je joins au rapport de ce jour la copie des dernières lettres du prince de Schwartzemberg, auxquelles il avait joint d'anciens rapports sur les positions des corps du général Essen et du prince Bagration, il y a dix jours, et sur lesquels il se fondait *pour rester en arrière.* J'espère qu'aujourd'hui il sera bien convaincu que ces corps sont fort éloignés et qu'il peut s'avancer sans se compromettre. Je lui ai écrit de nouveau pour l'engager à s'avancer à ma droite et lui proposer une conférence du côté de Bielsk.

» Si Votre Majesté juge convenable d'instruire Sa Majesté l'Empereur du retard de la marche des Autrichiens, mon aide-de-camp pourrait aller au grand quartier-général.

» Je suis, etc.

» Sokoly, le 1er juillet 1812. »

Lettre du prince de Schwartzemberg au général Reynier.

« Tout en attendant des nouvelles plus positives sur la situation des corps russes, j'ai prié l'officier que vous m'avez envoyé de Szumowo de retarder son retour, et actuellement que vous m'en envoyez un second de Zambrow le 28, je ne suis malheureusement pas en état de vous donner, monsieur le comte, des renseignements satisfaisants. Le Bug est sévèrement observé par les Cosaques; des personnes qui l'ont cependant passé ne sont pas revenues encore; enfin, malgré les plus grands soins, je n'ai pas encore pu parvenir à être instruit. Pour ne pas m'éloigner trop de vous, je vais faire demain un mouvement pour me porter avec la division de gauche et celle du centre sur Sokolow; mes troupes légères camperont à Sterdyn, par où la communication s'effectuera sur Nur avec vos troupes. Je laisse la division de droite à Siedlce, qui observe Brzesc et Wradawa, couvre ainsi mon flanc droit et a l'ordre de se porter sur Varsovie, à l'approche d'un ennemi supérieur en nombre, pour occuper la tête du pont de Praga; en cas de besoin, ma retraite avec le reste se ferait de concert avec vous le long du Bug sur Sierock.

» Je serais charmé de pouvoir convenir de la manière dont nous pourrions nous voir; rien ne faciliterait autant nos travaux. A moins d'un événement extraordinaire, je me rendrai après-demain matin à Nur. J'y attendrai que vous m'avertissiez de l'endroit où vous aurez pu vous porter sans trop vous éloigner de votre point principal, et je m'y transporterai de suite.

» J'ai l'honneur, etc.

» Siedlce, le 24 juin 1812. »

« Avant mon départ d'ici, je m'empresse d'expédier l'officier que vous m'avez envoyé d'Ostrow, monsieur le comte, pour vous communiquer les nouvelles que je viens de recevoir des Russes pendant la nuit. Je joins des copies allemandes des deux rapports différents que j'ai reçus. Après tout, il semble cependant qu'il y a encore un corps du côté de Brzesc, mais sa force est difficile à juger.

» Nous devons recevoir aujourd'hui des nouvelles qui nous feront voir plus clair sur les événements de la gauche. J'espère bien vous voir demain, monsieur le comte.

» Agréez, etc.

» Siedlce, le 30 juin 1812. »

Tandis que le roi de Westphalie marchait avec les 5e et 8e corps et la cavalerie de Latour-Maubourg sur Augustowo pour obéir aux ordres formels de l'Empereur (1), il recevait des dépêches importantes de la gauche.

Le 22, Berthier lui écrivit :

« Sire, l'Empereur a passé la nuit à Wilkowiski, Sa Majesté part dans une heure pour se rendre à une lieue derrière Kowno à Kupta. Le 24 au matin, elle passera le Niémen et commencera les hostilités. Le contre-coup ne peut arriver sur la partie de frontière qui est devant vous, que le 25. Sa Majesté suppose qu'alors vous serez sur Augustowo.

» Le général Reynier sera mis en position de marcher sur Bialistok.

» Je vous écrirai demain, Sire; mais le 25 ou le 26,

(1) Nous appuyons avec intention sur ce fait, car on a accusé le roi de Westphalie de lenteur dans sa marche sur Grodno, sans s'inquiéter de savoir si cette lenteur n'était pas le résultat de l'exécution d'ordres formels. Cela n'est pas étonnant, du reste, puisque, plus tard, ainsi qu'on le verra par une lettre du major-général, l'Empereur reprocha lui-même à son frère ce mouvement qu'il avait cependant prescrit, ainsi que le prouve l'ordre du 20 juin.

si l'ennemi à Grodno est en force inférieure aux vôtres, attaquez-le et emparez-vous de cette ville.

» Le Vice-Roi, avec le 4e corps, remonte à Kalwary ; le 6e corps suit ce mouvement, et l'un et l'autre doivent passer le Niémen près le village de Piloni.

» Il y aura, Sire, vingt-quatre lieues entre vous et le centre ; envoyez quelques partis pour vous lier à la position du centre.

» Après le passage du Vice-Roi, il fera manœuvrer sa cavalerie pour se mettre en communication avec la vôtre, aussitôt que vous aurez passé la rivière. Quand vous serez maître de Grodno, vous enverrez de votre côté, sur votre gauche, des postes de cavalerie pour communiquer avec les postes du Vice-Roi.

» Le rôle du général Reynier a été bien déterminé. Il peut se porter sur Bialistok et se mettre en communication avec vous, si le prince Bagration se trouve toujours à Brzesc.

» Les derniers renseignements reçus sont que ce général n'a que trois divisions, qu'il en a laissé quatre en Volhynie. Donnez, Sire, des nouvelles au prince de Schwarzemberg qui marchera sur Brzesc.

» Wilkowiski, le 22 juin 1812, à trois heures après-midi.

Lorsque le roi de Westphalie reçut le 24 au soir cette dépêche du 22, il était en pleine marche sur Augustowo, pour obéir à l'ordre du 20. Il venait d'arriver avec une partie de ses troupes à Szczcuzyn distant de Grodno de trente-huit lieues. Comment aurait-il pu le 25 ou le 26 attaquer dans cette dernière ville les Russes, lorsqu'il avait pour s'y rendre une distance aussi considérable à franchir, par les chemins détestables qui traversent les marais de la Narew?

Pour gagner Grodno, de Szczcuzyn, point où était son bivouac le 24 au soir, Jérôme avait deux moyens, passer par Ghomondz, Koritzin, Yanow, Kouznitza, ou continuer sa marche sur Augustowo et redescendre sur Lipsk. Par la première route, il avait trente-cinq lieues à faire, par la seconde trente-huit environ. Il préféra ne rien changer à l'ordre de marche de ses troupes, ne pas séjourner à Augustowo et éviter ainsi les détestables chemins de traverse qu'il aurait à parcourir s'il se rendait à Grodno par Koritzin. D'ailleurs en agissant ainsi, s'il perdait un jour, si au lieu d'atteindre Grodno le 29, il n'y entrait que le 30, il avait l'avantage de ne pas risquer d'embourber son artillerie dans des routes marécageuses et de donner vingt-quatre heures de plus pour s'approcher de lui, au 7e corps, puisque Reynier lui avait fait connaître qu'en raison du mouvement du prince de Schwartzemberg, les Saxons ne seraient à Bialistok que le 2 juillet au plus tôt.

Le 26, le major-général écrivit à Jérôme :

« Sire, l'Empereur part cette nuit pour porter son quartier-général à Jysmoroni. Le Vice-Roi a l'ordre de jeter son pont sur le Niémen à Piloni, le plus tôt possible, pour faire passer son corps d'armée.

« L'Empereur ne m'a point donné pour Votre Majesté d'autres instructions que celles qu'elle a reçues.

» Kowno, le 26 juin. »

Mais le 29 et le 30, Berthier expédia les deux nouvelles dépêches suivantes qui sont de la plus haute importance pour l'histoire du commencement de cette campagne, les voici :

« Sire, l'Empereur me charge de prévenir Votre Majesté que nous sommes entrés hier à Wilna, que l'ennemi a évacué après avoir brûlé le pont et des magasins immenses. L'Empereur suppose que Votre Majesté est dans ce moment à Grodno : *le corps de Bagration est à Ochmiana. Votre Majesté doit donc se diriger avec son corps d'armée sur Ochmiana.* Votre Majesté donnera de nos nouvelles au prince de Schwarzemberg : *il résulte des estafettes interceptées qu'il n'existe plus de troupes en Volhynie.* Si cela se vérifie et qu'il n'y ait plus de forces de ce côté, le prince de Schwarzemberg doit manœuvrer dans la direction de Brzesc à Slonim.

» Wilna, le 29 juin 1812. »

« Sire, *la tête du corps d'armée du général Bagration est arrivée à Ochmiana le* 27. L'Empereur suppose que vous êtes entré le 29 à Grodno, et que votre corps se sera mis en grande marche pour poursuivre le général Bagration. Si cela vous a approché de Wilna, il ne faut pas que vous en approchiez plus près que Mouito ; vous devez vous diriger sur Minsk. Le général Reynier ne perdant pas de vue de couvrir Varsovie se dirigera sur Nesvij. D'ailleurs, Sa Majesté espère recevoir dans la journée de demain des lettres de Grodno et pouvoir vous faire passer de nouveaux ordres, suivant les circonstances. Le général Bordesoulle, avec une colonne, est en marche, et sera ce soir ou demain à Lida.

» Wilna, le 30 juin 1812. »

Ces deux dépêches, comme nous le disions plus haut, sont d'une grande importance historique et méritent un examen attentif. Elles contiennent, en effet, deux allégations complétement erronées, qui furent la source des reproches adressés pendant plusieurs jours, par l'Empereur, à son frère, jusqu'au moment où Napoléon s'aperçut qu'il avait été trompé par de faux rapports.

Le major-général dit à Jérôme :

Le corps de Bagration est à Ochmiana.

Loin d'être à *Ochmiana*, c'est-à-dire sur la route et à neuf lieues de Wilna, le corps de Bagration, à la date de cette lettre (le 29), ayant abandonné successivement sa marche sur Wilna, puis son projet de retraite sur Slonim, venait, sur les nouveaux ordres de Barclay de Tolly, de se replier à marches forcées sur Nowogrodek pour gagner Minsk. Il se trouvait donc, par le fait, à plus de trente-cinq lieues de l'endroit où on le plaçait, au quartier impérial. Ce qui, selon toute apparence, avait contribué à produire cette erreur, c'est que Davout, en arrivant à Ochmiana, ayant entrevu l'arrière-garde de Doctorof (6e corps de la 1re armée russe de l'ouest), avait pris cette troupe pour la tête de colonne de l'armée de Bagration et en avait rendu compte à l'Empereur.

Si donc, admettant cette nouvelle comme positive, et exécutant l'ordre qu'il recevait, Jérôme se fût porté, avec toutes ses forces, sur la route de Lida, il n'eût pas tardé à s'éloigner de l'ennemi qu'il avait pour mission de poursuivre et de tenir toujours sur sa droite dans le but de l'empêcher de rallier Barclay de Tolly. Pendant qu'il se serait ainsi séparé de lui, le général russe, resté maître de ses mouvements vers le sud, eût pu facilement gagner Bobruisk et la Bérésina. Heureusement, lorsque le roi de Westphalie eut cette lettre entre les mains, il était entré à Grodno. Sans connaître parfaitement tout ce qui se passait dans l'armée ennemie, il avait la certitude que loin de s'élever vers le nord, Bagration se repliait par Mostouï, soit sur Slonim, soit sur Minsk par Nowogrodek. Il regarda comme non avenue la nouvelle contenue dans la dépêche du 29 et confirmée par celle du 30. Il se disposa, au lieu de marcher sur Ochmiana, à lancer ses colonnes à la poursuite de la deuxième armée de l'ouest par la route de Minsk, et nous verrons bientôt que si ce mouvement n'eut pas lieu le jour même de la prise de Grodno, la faute n'en peut être attribuée ni à Jérôme, ni à qui que ce soit, mais bien aux éléments qui furent pendant tout le cours de cette campagne nos adversaires les plus puissants.

Passons à la seconde erreur contenue dans la lettre du major-général :

Il résulte des estafettes interceptées, qu'il n'existe plus de troupes en Volhynie.

Or, le général Tormassof était en ce moment même à Loutsk, organisant une troisième armée forte déjà de 5 divisions d'infanterie, de 3 de cavalerie et d'un parc d'artillerie de campagne d'une trentaine de pièces.

C'étaient là des forces assez imposantes pour qu'on y fît quelque attention et pour que Jérôme, suivant les premières instructions qui lui avaient été envoyées, ne s'éloignât pas de la Vistule avant d'être bien sûr que les Autrichiens étaient en mesure de tenir tête à cette troisième armée russe, si elle tentait une diversion sur le Grand Duché (1).

Le 26 juin, le roi de Westphalie fit ses dispositions pour se porter sur Grodno et s'emparer de cette ville. Un rapport du général de Latour-Maubourg avait fait connaître le 22 au commandant en chef de la droite, que la garnison de Grodno forte de 2 régiments de

(1) Ce n'est pas, du reste, le seul exemple que l'on puisse citer des erreurs commises au quartier impérial. Nous aurons occasion de signaler plusieurs fois des faits semblables dans les lettres du major-général, et nous ferons remarquer que dans cette campagne l'Empereur, à deux reprises différentes, refusa de croire à la vérité des assertions qui lui furent données. Premièrement, lorsqu'il ordonna à Oudinot de reprendre l'offensive contre Wittgenstein ; secondement, lorsqu'il prétendit que l'armée de Tormassof n'existait que sur le papier, malgré ce que lui disaient Reynier et Schwartzemberg.

chasseurs à pied, 10 escadrons de cavalerie et 12 pièces de campagne, avait quitté la place quelques jours auparavant pour se porter du côté de Lida par Chtchoutschin, mais le roi savait que depuis lors, Platof et ses Cosaques l'avaient de nouveau occupée. Il ignorait si Bagration ne s'y trouvait pas lui-même avec une partie de ses forces. Depuis le 25 en effet, les mouvements de l'armée russe avaient changé si souvent qu'on était très incertain sur sa marche.

Voulant se mettre en mesure d'enlever la ville de vive force après avoir opéré le passage du Niémen, Jérôme ordonna au général Allix, homme d'un grand mérite, qui commandait l'artillerie de la droite, de pousser une reconnaissance du côté de la place pour déterminer l'endroit le plus favorable à l'établissement d'un pont. Le général rendit compte de sa mission par les deux dépêches suivantes du 27 et du 28.

« Sire, sur l'avis que j'avais eu hier soir de l'arrivée à Jestrzembna du 4e régiment de chasseurs polonais, j'ai ordonné au 1er régiment d'infanterie, dont 2 bataillons étaient à Jestrzembna et un à Lipsk, de venir camper sur les hauteurs en arrière de Rigalowo, de manière à y être arrivé ce matin de grand matin.

» Je suis parti du même lieu à deux heures du matin avec les deux régiments de cavalerie légère et j'ai marché par la gauche, le 1er régiment de chasseurs en tête de la colonne, sur Pohateri. Je me proposais de laisser le 12e régiment de lanciers sur les hauteurs en arrière de ce village et de porter 2 escadrons du 1er régiment de chasseurs sur Soharin, d'où je me serais avancé avec les 2 autres escadrons du même régiment sur Adamowicz; mais ayant appris à Pohateri que les 2 régiments que l'ennemi avait en avant de Grodno avaient été repliés sur la droite du Niémen, et qu'il n'existait sur la rive gauche que quelques centaines de Cosaques, je me suis cru dispensé de prendre autant de précautions, et j'ai marché en avant, en laissant le 12e régiment de lanciers sur les hauteurs en arrière de Labno. J'ai porté le 1er régiment de chasseurs sur les hauteurs vis-à-vis de Grodno. Son avant-garde, forte de 50 hommes seulement, a fait replier jusqu'aux faubourgs de Grodno 2 à 300 Cosaques qui occupaient la rive droite de la Talavka. Un maréchal-des-logis polonais a été blessé au bras d'un coup de lance, et plusieurs Cosaques ont été tués et blessés. J'ai fait sous la protection de ce petit combat la reconnaissance du Niémen, depuis l'embouchure de la Talavka jusqu'au-dessous de Balla.

» Le point de Piski convient parfaitement à faire un passage, et il convient tellement que je crois impossible d'en trouver un meilleur. Il réussirait alors même que l'ennemi pourrait opposer des forces égales; mais l'établissement d'un pont est indispensable, la rivière n'y étant point guéable.

» Ce passage doit d'ailleurs être effectué avec de l'infanterie, à cause du bois qui existe en avant, et où l'infanterie fera un très bon effet, pour protéger le passage de la cavalerie et sa formation en avant du seul chemin qui existe dans le bois.

» Au surplus, je ne pense pas que ce passage offre la moindre difficulté aux troupes de Votre Majesté, et le succès n'est pas douteux.

» J'ai reconnu les positions à prendre par les troupes avant le passage, j'en ferai demain le rapport à Votre Majesté.

» On m'assure dans ce moment que les Cosaques pillent la ville de Grodno ; on m'avait déjà dit hier que le général Platof l'avait annoncé aux habitants, mais ce sont des propos de gens qui sont peut-être des espions.

» J'ai bien reconnu le camp ennemi en arrière de Grodno ; j'estime qu'il y a 3 à 4,000 chevaux ; il n'existe point d'infanterie.

» Il paraît positif qu'il n'y a plus de troupes à Bialistok. On dit bien que le corps du général Bagration doit être en marche du haut Bug sur Wilna, mais on assure qu'il n'a pas encore passé le Niémen, et que même il en est fort éloigné encore. Il paraît au moins certain qu'il n'a point passé à Grodno, tout le monde étant d'accord sur ce point.

» L'ennemi avait un pont à Grodno qu'il a détruit hier soir. On dit à Grodno que l'Empereur a passé le Niémen à Kowno sans opposition aucune, et qu'il était en pleine marche sur Wilna.

» Le général Marchand m'écrit que je m'étais servi du nom de Votre Majesté pour prendre les fonds du

5e corps. En cela on s'est trompé ou l'on a trompé Votre Majesté. Je n'emploie pas même toujours le nom de Votre Majesté quand j'y suis autorisé ; à plus forte raison, ne l'emploierai-je jamais dans le cas contraire. Je conférerai à cet égard avec elle.

» J'enverrai demain à Holinka, pour y faire préparer le quartier de Votre Majesté. Il y existe un château convenable pour elle, et l'emplacement est militaire.

» Je suis, Sire, de Votre Majesté, avec un profond respect et le dévouement le plus absolu, etc. »

Rapport au Roi.

« Sire, j'ai l'honneur de rendre compte à Votre Majesté que ce soir, à 8 heures et demie, j'ai occupé avec les deux régiments de cavalerie légère sous mon commandement, la partie de la ville de Grodno située sur la gauche du Niémen.

» Le 12e de lanciers est parti à quatre heures de son camp en arrière de Labno, et, en se dirigeant par Pruzec et Baranowicz, a passé le Talavka près Golovicz, d'où il a marché par sa droite sur le Niémen au-dessus de Grodno, et en masquant son mouvement par toutes les variations du terrain.

» Le 1er de chasseurs, à la tête duquel j'ai marché, a quitté sa position sur les hauteurs entre Adamowicz et Baranowicz, et a passé le Talavka près son embouchure. Ce régiment devait attaquer de front, et en refusant sa gauche, la troupe ennemie postée à la gauche du Niémen, et appuyer son flanc droit à la ville, tandis que le 12e de lanciers l'eût tournée par sa droite; mais aussitôt que l'ennemi a aperçu les tirailleurs, il s'est enfui à toute bride, a repassé le pont qui n'était point détruit, comme plusieurs personnes qui disaient sortir de Grodno me l'avaient assuré. Il a été poursuivi et sabré par les pelotons d'avant-garde jusque sur le pont, auquel il a mis le feu incontinent, au moyen d'artifices préparés d'avance. Sans l'existence de ce pont, il ne se fût pas échappé un seul individu des 600 Cosaques qui se trouvaient à la gauche du Niémen.

» Cette expédition a été faite avec beaucoup d'enthousiasme de la part des troupes, et elle m'assure une tranquillité complète sur la gauche du Niémen. Elle a l'avantage d'intercepter la route de Grodno à Bialistok, où l'on m'a assuré, à Grodno, que le général Bagration était arrivé à la tête de son corps d'armée. Je fais, demain, pousser une reconnaissance sur cette route vers Kusmica.

» J'ai donné ordre au 1er régiment d'infanterie de camper vis-à-vis Grodno, ainsi qu'aux deux régiments de cavalerie légère.

» Je vais m'occuper de compléter la réunion de tous les matériaux nécessaires à la construction d'un pont sur le Niémen. Son établissement exigera que Votre Majesté fasse arriver de l'artillerie pour le protéger. Il existe au 5e corps 6 pièces de 12 qui seront fort bonnes à cet effet. Il faut 20 à 24 pièces. L'ennemi en a 12 avec lesquelles il nous a envoyé une quarantaine de boulets qui n'ont fait de mal à personne.

» J'ai ce soir, en tout, trois blessés et un cheval tué. La précipitation avec laquelle l'ennemi a fui n'a pas permis de faire un seul prisonnier.

» J'ai l'honneur d'être, etc.

» Labno, le 28 juin 1812. »

Les 5e et 8e corps, arrivés le 27 à Augustowo, où ils avaient été précédés par le 4e corps de cavalerie qui avait marché sur la droite, ne séjournèrent pas dans cette ville; ils en partirent le lendemain 28, bien qu'ils eussent fait une marche assez rapide depuis Pultusk et très pénible dans des pays marécageux. Le 28 ils couchèrent à Jastrzambno, petite ville située dans les marais de la Narew, et le 29 à Lipsk.

Le roi les avait fait précéder d'une avant-garde placée sous les ordres du général Allix, et chargée, ainsi que nous l'avons vu plus haut, de préparer le passage du Niémen. Dès le 28, dans la matinée, les troupes sous les ordres de cet officier général occupèrent les positions suivantes :

Le 1er régiment de chasseurs, au delà du village de Labno ; le 12e de lanciers, un peu en arrière de ce même village ; le 1er d'infanterie et deux compagnies de sapeurs du génie, ainsi que la compagnie de pontonniers, en avant de la petite ville de Lipsk. Une compagnie de voltigeurs gardait la digue qui traverse les marais de la Bobr. L'artillerie régimentaire était placée sur un mamelon, à gauche de la grande route.

A quatre heures du matin, l'ordre de marche fut

donné à toute la colonne, dont le 1er de chasseurs formait la tête. A la hauteur d'une ferme située non loin de Grodno, une grand'garde de 60 Cosaques fit mine de résister et engagea la fusillade. Au bout de quelques instants cette cavalerie fut débusquée à coups de sabre et rejetée sur les avant-postes qui lâchèrent pied et furent poursuivis jusqu'aux faubourgs de la ville. Tandis qu'on reconnaissait les bords de la petite rivière de Lososne et ceux du Niémen, l'ennemi fit de l'autre rive un feu assez vif.

Le jour suivant, le pont ayant été jeté de bonne heure sur le Niémen, sans que l'ennemi fît aucune démonstration pour empêcher cette opération, l'avant-garde de l'aile droite occupa Grodno (1), où le roi de Westphalie arriva lui-même le lendemain matin, avec les 5e et 8e corps. Les habitants reçurent les Français avec de grands transports de joie. Tous faisaient des vœux pour le rétablissement du royaume de Pologne. Les principaux de la ville se constituèrent en un gouvernement provisoire qui adhéra immédiatement à la confédération réunie le 26 juin à Varsovie. Les partisans de la Russie paraissaient fort découragés.

(1) Grodno est une ville importante située sur un plateau élevé, coupé de ravins larges et profonds. Trois ponts, dont deux sur le Niémen, et le troisième sur un des ravins dont nous venons de parler, assurent les communications. En 1812, on voyait encore au sud, l'ancienne fortification élevée par Pierre-le-Grand par où Charles XII attaqua la place.

LIVRE QUATRIÈME.

Reproches adressés au Roi de Westphalie pour la lenteur présumée de sa marche sur Grodno et son séjour dans cette ville. — Causes réelles de ces deux faits. — Marche de Jérôme sur Nowogrodek et de Reynier sur Bialistok. — Lettres du major-général au Roi de Westphalie. — Erreurs du quartier impérial relativement à la retraite de Bagration. — Lettres du 6 juillet du major-général au Roi et au général Marchand. — Rapport du général Latour-Maubourg. — Nouvelles lettres de Berthier, en date du 7 juillet. — Lettre de l'Empereur, du 8. — Position, à cette époque, des troupes de Jérôme, de Davout, de Reynier et de l'armée de Bagration.

Presque tous les auteurs militaires qui ont écrit sur la campagne de 1812 ont constaté le blâme adressé pendant les premiers jours de juillet au Roi de Westphalie par l'Empereur. Presque tous ont reproché au commandant en chef de la droite la lenteur présumée de sa marche de Grodno sur Nowogrodek, et son séjour prolongé dans la première de ces deux villes; mais pas un seul n'a recherché les causes de ce retard et du séjour de Jérôme à Grodno.

Nous avons expliqué dans le livre précédent comment la mauvaise volonté des Autrichiens et le mouvement ordonné sur Augustowo par le quartier impérial avaient contraint le Roi de Westphalie à n'arriver à Grodno que le 30 juin au lieu du 29, nous allons dire maintenant ce qui força Jérôme à laisser les 5e et 8e corps et la cavalerie de Latour-Maubourg jusqu'au 4 juillet à Grodno et dans les environs. Ce prince comprenait l'importance de sa poursuite contre l'armée de Bagration ; il avait hâte de donner la main au prince d'Eckmühl. Pourquoi donc, si la chose avait été en son pouvoir, eût-il enchaîné pendant quatre grands jours l'ardeur de ses troupes, l'ardeur principalement des Polonais de Poniatowski, qui brûlaient d'atteindre les Russes ?

Le Roi de Westphalie, arrivé le 30 juin à Grodno, donna l'ordre de marcher le lendemain par la route de Mostouï, tous les rapports de la cavalerie légère s'accordant à désigner cette ligne de retraite comme étant celle qu'avait prise Bagration ; mais au moment où la cavalerie d'avant-garde se mettait en mouvement, au moment où les troupes se formaient pour marcher à sa suite, un orage, qui régnait depuis le 29 au soir (1), et qui n'ayant pas cessé avait déjà détérioré les chemins d'une manière fâcheuse, redoubla d'intensité et devint si violent, que cavalerie et infan-

(1) Cet orage s'étendit sur toute la Lithuanie, et fut tel, qu'à Wilna où se trouvait l'Empereur, il amena une perturbation considérable dans les services de l'administration, dans celui de l'artillerie et des convois. Un grand nombre de chevaux périrent en une seule nuit ; on fut obligé de faire une nouvelle répartition de ceux de trait, et de laisser dans la capitale de la province bon nombre de pièces et de caissons, faute d'attelages pour les traîner. Cette tourmente, qui fut un des premiers malheurs de la campagne de 1812, dura cinq jours, nous occasionna des pertes très

terie pouvaient à peine avancer sur les routes. L'artillerie, malgré les renforts de ses attelages, risquait à chaque pas de perdre ses pièces et ses caissons; la plupart des chevaux, accablés de fatigue, ne pouvaient avancer. Bientôt l'orage acquit une si grande violence, qu'au moment où la 1re division du prince Poniatowski traversait un bois situé non loin de Grodno, un arbre énorme, déraciné par le vent, s'abattit sur une compagnie de grenadiers, et *tua dix hommes* (1). La tourmente devint telle, que le Roi fut obligé d'arrêter le mouvement sur Mostouï et de donner l'ordre de rentrer dans les cantonnements. Le temps ne redevint calme que le 3 juillet au soir. Près de 5,000 chevaux avaient péri; la cavalerie et l'artillerie se trouvaient en partie désorganisées; bref, les éléments s'étaient déchaînés avec une telle force, qu'il avait été impossible de songer à se mettre à la poursuite de Bagration avant le 4 au matin. Voilà ce qu'aucun auteur militaire n'a dit, et voilà ce qui causa le retard apporté

grandes, et retarda les opérations même à la gauche de la Grande Armée, bien plus en état que la droite de réparer ses désastres. Du reste, pour avoir une idée de la perturbation qui en fut la suite, on peut consulter ce que dit Chambray dans le 1er livre de son ouvrage.

(1) Lorsque cet événement eut lieu, le Roi de Westphalie marchait avec le prince Poniatowski à la tête des troupes; le général polonais s'écria, en montrant à Jérôme ces dix braves couchés sur le sol tout mutilés : « Vous le voyez, Sire, ce ne sont pas les Russes qui peuvent terrasser mes grenadiers, il faut que le ciel s'en mêle. »

dans l'exécution des ordres de l'Empereur. Napoléon lui-même fut contraint par cet événement imprévu de suspendre ses opérations à la gauche, et l'on sait si le grand capitaine était habile à surmonter les obstacles. Cette fois cependant, il dut se soumettre; le ciel fut plus fort que lui. On lit en effet dans Chambray (1) :

« Le 29, le temps, qui avait été beau jusqu'alors, » changea tout à coup; une pluie très abondante, et » qui s'étendit sur toute la Lithuanie, tomba sans in» terruption pendant cinq jours. La garde seule était » logée dans Wilna; les autres corps étaient en mar» che ou bivouaqués. Les chemins, généralemeut mau» vais dans un pays couvert de bois et de marais, ne » sont pas entretenus; ils suffisent aux besoins des » habitants, parce que l'hiver, ils sont excellents pour » leurs traîneaux, et l'été, passables pour leurs voi» tures légères; mais pendant les dégels, ils devien» nent très mauvais et sont très peu fréquentés. La » pluie extraordinaire qui survint alors produisit l'ef» fet d'un dégel; l'énorme quantité de nos voitures et » leur pesanteur acheva de rendre les chemins *impra» ticables*. Tous les corps en marche furent retardés, » le soldat souffrit beaucoup, quantité de chevaux pé» rirent; on trouvait sur la seule route de Wilna plus » de 10,000 de leurs cadavres qui y répandaient l'in-

(1) *Histoire de l'expédition de Russie.* Paris, 1839, tome Ier, page 181.

» fection. Quelques soldats succombèrent ; un plus » grand nombre vint encombrer les hôpitaux qu'on se » hâta d'établir. L'ennemi eût attaqué avec avantage » s'il eût eu assez de forces pour le tenter ; mais trop » faible, il continuait à se retirer. »

On lit dans Boutourlin, tome Ier, page 171 :

« Napoléon resta à Wilna pour vaquer aux soins » administratifs de son immense armée. Les vivres ne » pouvaient suivre sa marche rapide, et le pays, dé- » vasté et couvert de forêts, n'y suppléait point. Ses » premiers pas furent de terribles pronostics : des » pluies battantes abîmaient des chevaux, qui n'avaient » pour toute nourriture que du seigle vert ; 4,000 pé- » rirent en moins de trois marches, et laissèrent 120 » canons et 500 caissons dételés à Wilna. Le défaut de » vivres fournit prétexte aux pillards de battre les » campagnes vingt lieues à la ronde, et plus de 30,000 » traînards répandaient déjà la désolation six jours » après l'entrée en campagne. Il faut ajouter à ce triste » tableau que déjà la dyssenterie menaçait de ses hor- » ribles ravages : les plus illustres personnages même » n'en étaient pas exempts. Bientôt 25,000 moribonds » encombrèrent les hôpitaux de Wilna ; les villages de » Lithuanie en étaient remplis. »

Le 4 juillet, la cavalerie de Latour-Maubourg se porta en avant par la route de Mostouï, et prononça avec le 5e corps son mouvement sur Nowogrodek. Le 8e corps marcha dans la même direction, tandis que le 7e s'avançait également de ce côté par Bialistok.

Nous avons laissé Reynier à Zambrow, le 28 juin. Le 29 et le 30, ses troupes y firent séjour ; la 1re brigade de la 2e division se porta seulement un peu en avant de Zambrow, sur la route de Wysokie, afin de communiquer avec le prince de Swartzemberg. Enfin, le 1er juillet, Reynier n'osa retarder plus longtemps sa marche sur Bialistok. Craignant, dans le cas probable d'une affaire générale entre Grodno et Nowogrodek, d'être trop éloigné du champ de bataille pour pouvoir y arriver en temps utile, s'il attendait encore les Autrichiens, il se décida à s'avancer jusqu'à Sokoly, à deux marches de Bialistok. Il adressa de là au Roi de Westphalie le rapport suivant, assez important pour trouver place ici :

« La 1re division et la 1re brigade de la 2e division » sont arrivées à Sokoly. La 2e brigade de la 2e division arrive à Zambrow. La cavalerie légère est à » Poswientue et Suradz, et envoie des partis vers Bielsk » et Bransk. Aussitôt que le gué sera praticable, des » partis se dirigeront aussi sur Bialistok. On prépare » à Suradz la construction d'un pont sur la Narew, » qui sera fait demain matin, pour le passage du 7e » corps dans la marche sur Bialistok.

» Les Cosaques qui gardent les frontières sont partis hier, et ont pris le chemin de Ghradek. Ils ont » détruit avant de partir toutes les barques qui étaient » sur la Narew et ont brûlé le pont de Pleski. Les administrations russes de Bialistok et Bielsk sont parties pour Minsk ; on a conduit aussi les magasins

» qu'on a pu charger sur des voitures. Les principaux » propriétaires qui habitaient leurs terres et les villes » ont été emmenés ou sont partis pour Minsk.

» Deux divisions de l'armée autrichienne sont ve- » nues hier à Sokolow; il en est resté une à Siedlce. » Le prince de Swartzemberg vient aujourd'hui à Nur, » pour avoir une conférence, que le général Reynier » lui avait proposée, lorsque les corps se rapproche- » raient. Le général Reynier lui a écrit que, ne pou- » vant retarder plus longtemps sa marche sur Bialis- » tok, il lui était impossible d'aller aujourd'hui vers » Nur, mais qu'il espérait que les départs des corps du » général Essen et du prince Bagration, étant actuel- » lement bien confirmés, cette conférence pourrait avoir » lieu lorsque l'armée autrichienne aurait passé le » Bug et aurait au moins rapproché sa gauche de » Bielsk.

» Sokoly, le 1er juillet 1812. »

Le 2 juillet, le 7e corps franchit la Narew à Suradz, à l'exception de la 2e brigade de la 2e division, qui resta sur la rive gauche pour établir la communication entre les Saxons et les Autrichiens. L'infanterie prit position à Khorochtcha, sur la route de Bialistok, la cavalerie légère sur le chemin de Zabloudow.

Le 3, les troupes de Reynier s'établirent à Bialistok et y séjournèrent jusqu'au 5. Ainsi, au moment où les 5e et 8e corps, et celui de Latour-Maubourg quittaient Grodno pour se porter contre Bagration, le 7e, de son côté, se rapprochait de ces trois grandes fractions de l'aile droite, s'élevant en pointe vers le nord-ouest pour gagner Nowogrodek et Minsk, où, selon toute apparence, devait se dénouer le drame entre l'armée de Jérôme réunie au 1er corps, et celle de Bagration, renforcée par les Cosaques de Platof. Le Roi de Westphalie avait donc assez bien combiné son mouvement, puisqu'il allait, au moment décisif, se trouver à la tête de 80,000 hommes en position de barrer le passage à l'ennemi et de le combattre avantageusement. Sans la tempête qui retarda sa poursuite de quatre jours, sans la lenteur des Autrichiens qui força Reynier à ralentir lui-même sa marche sur Bialistok, il n'y a pas le moindre doute que, le 7 ou le 8 juillet, la 2e armée de l'ouest n'eût été attaquée par des forces supérieures.

Peut-on raisonnablement accuser le commandant en chef de l'aile droite de deux circonstances complétement indépendantes de sa volonté? De deux circonstances qui, par leur nature, échappaient à toute prévision, et dont l'une ne pouvait en aucun cas être évitée? C'est comme si l'on faisait un crime à l'Empereur de n'avoir pas prévu en septembre que, pendant les mois d'octobre et de novembre, la température deviendrait mortelle en Russie pour nos soldats!

Voyons cependant comment Napoléon jugea les opérations de la droite, et donnons les lettres du major-général au Roi de Westphalie. Ce dernier avait écrit pour rendre compte de son entrée à Grodno, Berthier lui répondit le 3 juillet :

« Sire, l'Empereur reçoit la lettre par laquelle vous lui annoncez votre entrée à Grodno. Il aurait désiré plus de détails sur les troupes ennemies qui se sont retirées sur Mostouï. Les prisonniers que vous avez faits pouvaient être à même de connaître les noms des divisions et ceux des régiments.

» Le corps que commande le général Doctorof (6e corps) se compose des 12e et 24e divisions d'infanterie et d'une division de cavalerie, ce qui lui fait environ 16,000 hommes ; il était le 2 juillet à Olchanouï, poursuivi par le prince d'Eckmühl, et tâchait de gagner la Dwina sur Drouia. On espérait l'entamer. Ce corps était un de ceux de Bagration.

» Un autre corps de ce général, composé des 9e et 15e divisions qui venaient de Moldavie, est resté pour se recruter et garder la Podolie. Si donc Bagration était à Mostouï, il ne pourrait avoir avec lui que trois divisions formant 18,000 hommes d'infanterie. Ces trois divisions seraient la 2e de grenadiers, la 18e et la 26e d'infanterie. Votre Majesté trouvera ci-joint un état de l'armée russe telle que nous la concevons. L'Empereur désire que vous preniez des renseignements près des seigneurs polonais pour corriger et rectifier cet état de l'armée russe, selon les connaissances qu'ils peuvent en avoir : nous ne sommes pas sûrs de la composition des 5e et 7e corps.

» Il est impossible de faire la guerre avec succès sans connaître la composition des troupes que l'on a devant soi.

» Ces trois divisions doivent être celles qui forment

le 5e corps. Il ne faut pas donner dans le piége des énumérations pompeuses que font les Russes ; il y en a toujours les deux tiers à diminuer. Pour savoir la vérité, il faut partir de cette base : une division russe est composée de six régiments d'infanterie, un régiment de deux bataillons, chaque bataillon de quatre compagnies, chaque compagnie de 120 combattants au plus sous les armes ; ce qui fait par division moins de 6,000 hommes. Il y a même des divisions, comme la 11e et la 23e, qui n'ont que quatre régiments.

» Il paraît que Bagration n'est pas en arrière ; car le général Doctorof a déjà passé. Des Cosaques et une division d'infanterie ont paru le 2 à Bob-Solechniki (1), et l'on croit que c'est une des trois qu'a Bagration.

(1) Les troupes russes qui avaient paru à Bob-Solechniki n'appartenaient nullement à l'armée de Bagration ; elles étaient commandées par le général *Dorokhof* (qu'il ne faut pas confondre avec *Doctorof*), et formaient l'avant-garde de Schouwalof (4e corps). Dorokhof se trouvait le 24 juin avec sa réserve à Orany ; le reste de ses troupes était dispersé en détachements d'avant-postes, depuis Bentzy jusqu'à Martsikanty. L'ordre de retraite ne lui parvint pas ; il l'attendit vainement pendant deux jours ; n'ayant aucune nouvelle du corps auquel il appartenait, et se voyant déjà débordé par les Français qui se portaient de Kowno sur Wilna, il se décida à marcher le 27 à Olkéniki. Pendant cette marche, il reçut enfin l'ordre du général en chef de se porter par Roudniki à Mikhaïlichki ; le premier de ces deux points étant occupé, il fut obligé de faire un plus long détour. Le 29, il arriva à Bob-Solechniki, où il fut obligé de s'arrêter pour attendre deux compagnies postées à Martsikanty et qui n'avaient pu le rejoindre. Le lendemain, il fut attaqué par deux régiments de la cavalerie de Davout, détachés dans la direction de Lida ; il se replia jusqu'à Dewenischki,

» L'Empereur a vu avec peine que le prince Poniatowski n'ait pas marché à la tête des troupes qui ont été à Grodno; cela ne regardait point le général Allix.

» L'intention de S. M. est que chacun commande ses troupes ; en agissant différemment, on établit un esprit de jalousie qui ne peut que nuire aux opérations.

» Les renseignements que Votre Majesté donne n'étant pas clairs sur ce que l'ennemi peut encore avoir en Volhynie, il est difficile à l'Empereur de vous donner des instructions. Les instructions générales que l'Empereur vous a données ayant été de poursuivre Bagration, S. M. ne doute pas que vous ne remplissiez ses intentions avec activité; elle espère que vous serez bientôt en communication avec Wilna, puisque nos postes de cavalerie sont déjà sur Lida ; mais vous devez avoir deux buts : ouvrir d'abord vos communications avec Wilna, et poursuivre vivement Bagration. Tout porte à penser qu'il se retire sur Minsk.

» Wilna, le 3 juillet 1812 (2 heures après-midi). »

» Organisation de l'armée russe telle que nous la concevons d'après les rapports qui nous sont parvenus.

» 1er CORPS (5e et 14e *divisions*), commandé par le général Wittgenstein.

et le 1er juillet il put atteindre Olchanouï. Il se proposait de poursuivre sa marche sur Zachkewitchi, mais ayant appris que l'avant-garde de Davout occupait déjà Ochmiana, il craignit d'être prévenu et se détermina à tourner sur Wologin. Là, il se rallia aux Cosaques de Platof d'abord, et le lendemain à l'armée de Bagration.

» Il était en Samogitie, il a été repoussé de Wilkomir par le duc de Reggio, le 28 juin.

» 2e CORPS (4e et 17e *divisions*), commandé par le général Bagawouth.

» Il était à Kowno, il a été poursuivi sur Janovo par le duc d'Elchingen, et a continué sa retraite sur Malianty.

» 3e CORPS (3e et 23e *divisions*), commandé par le général Suwarof.

» 4e CORPS (7e et 11e *divisions*), commandé par le général Tutchukof.

» 1re DIVISION de grenadiers et la garde impériale commandées par le grand duc Constantin. Ces trois corps étaient à Wilna, Lida et Novoï-troki.

» 6e CORPS (12e et 24e *divisions*), commandé par le général Doctorof.

» Il était le 1er juillet près d'Ochmiana, il est poursuivi par le prince d'Eckmühl.

» 5e CORPS (2e *division de grenadiers*, 18e et 26e *divisions d'infanterie*), commandé par le général Ratziveski.

» 7e CORPS (9e et 15e *divisions*, commandé par le général Marcof.

» Le 6e, le 5e et le 7e corps sont sous le commandement de Bagration, Le 6e a passé et le 7e est encore entre la Podolie et la Wolhynie. Il ne devait y avoir à Grodno que le 5e corps, avec lequel se trouve en personne Bagration. Une division a passé à Sviranki; le 1er juillet, le général Grouchy était à sa poursuite et lui a fait quelques prisonniers. On dit que c'est la

1re division de Bagration qui marche après le corps de Doctorof. Dans cet état on ne parle point de la cavalerie.

» Tout cela paraît assez certain; il n'y a que les 5e et 7e corps qui soient sous les ordres du général Tormassof, lesquels sont augmentés des 3es bataillons incomplets formés de recrues, dont la moitié n'est pas habillée, qui ne sont pas en état d'entrer en ligne, mais qui sont bons pour contenir les Polonais.

» La force des divisions, en présents sous les armes, est d'environ 6,000 hommes. »

Cette lettre commence la série des lettres de reproches adressés au roi de Westphalie pendant la première quinzaine de juillet. Analysons-la avec impartialité.

L'Empereur aurait désiré plus de détails sur les troupes ennemies qui se repliaient sur Mostouï, mais ces détails, Jérôme ne pouvait les avoir que par sa cavalerie légère, et tous les rapports, toutes les reconnaissances des officiers de cette arme, ne donnaient que des aperçus très vagues. Les Russes sur le territoire desquels on se trouvait alors, se renfermaient dans un mutisme complet, et les quelques prisonniers faits à Grodno n'étaient que des Cosaques ignorant eux-mêmes la composition de la 2e armée de l'Ouest.

Le major-général reproduit cette erreur déjà signalée, que le corps de Doctorof est un de ceux de Bagration ; de ce que quelques Cosaques et une division d'infanterie ont été vus à Bol-Solechniki, il en déduit que Bagration n'est pas en arrière, et qu'il se replie sur Minsk par *Ochmiana* et *Smorgoni.* Ainsi l'Empereur n'est pas encore convaincu, malgré ce qu'a pu écrire Jérôme, que la retraite de Bagration s'effectue par Mostouï. Cette erreur qui se prolonge en amène une autre, et de ce qu'un des corps présumé appartenir à la 2e armée russe est passé par Ochmiana, on en conclut, au quartier impérial, que si réellement Bagration se replie sur Mostouï, il ne peut avoir avec lui que 18,000 fantassins. Rien de tout cela n'était vrai, le général russe avait près de 40,000 baïonnettes et de 20,000 sabres au moment où il cherchait à percer par Minsk.

Le prince de Neuchâtel, au nom de l'Empereur, se plaint encore de ce que Poniatowski n'a pas marché à la tête des troupes chargées d'enlever Grodno. Nous avons expliqué ce qui avait porté le roi de Westphalie à confier cette opération au général Allix. Jérôme avait pensé avec raison qu'une opération de ce genre, nécessitant l'établissement d'un pont de bateaux, était du ressort d'un général d'artillerie, et qu'elle avait plus de chances de succès conduite par un officier de cette arme, d'un grand mérite, que par tout autre.

Quant à l'organisation de l'armée russe telle qu'on la supposait à Wilna, elle était fausse en beaucoup de points et principalement en ce qui touchait les troupes sous les ordres directs de Bagration. Nous avons parlé souvent déjà des forces dont dispsosait ce général, il est donc inutile d'y revenir encore une fois.

Le même jour, 3 juillet, Berthier envoya au roi de Westphalie l'emplacement des corps de l'armée française autres que ceux formant l'aile droite :

« Sire, je crois devoir communiquer à Votre Majesté la position actuelle de nos armées.

Le quartier général impérial	à Wilna.
Le duc de Tarente	à Poneviej.
Le duc de Reggio	à Wilkomir.
Le duc d'Elchingen	à Maliatouï.
Le roi de Naples	à Swentziany.
Le général Nansouty	à Mikhaïlichki.
Le prince d'Eckmühl	à Ochmiana.
Le Vice-Roi	à Anouchichki.

» Nos avant-gardes ont obtenu des succès sur l'ennemi, et déjà les Russes ont brûlé leurs magasins de 1re et 2e ligne.

» Wilna, le 3 juillet 1812. »

Le 5 (1), l'Empereur apprit par les dépêches de son frère, qu'il n'avait pu mettre ses troupes en mouvement pour poursuivre Bagration avant le 4. Sans

(1) A cette même époque, Napoléon créa un gouvernement provisoire en Lithuanie. Voici la lettre écrite à ce sujet par Berthier à Jérôme :

« Sire, j'ai l'honneur d'envoyer à Votre Majesté ampliation d'un ordre du jour du 1er de ce mois, par lequel l'Empereur crée un gouvernement provisoire de la Lithuanie, divisé en quatre gouvernements particuliers, dont les chefs-lieux sont Wilna, Grodno, Bialistok et Minsk. Chacun de ces quatre gouvernements est commandé par un général et administré par une commission présidée par un intendant.

» Le général de brigade Jomini commande le gouvernement de

considérer qu'il y avait là force majeure, que la circonstance qui avait retenu Jérôme, l'avait lui-même,

Wilna, dont M. de Nicolaï, auditeur au conseil d'État, est intendant.

» Le général de brigade Ferrières commande le gouvernement de Grodno et M. l'auditeur Chassenon en est intendant.

» Le général de brigade Brun commande dans le gouvernement de Bialistok et M. l'auditeur Cochelet en est intendant.

» Le général de brigade Brouikowski commande dans le gouvernement de Minsk, et M. l'auditeur Saulnier-la-Cretelle en est intendant.

» Wilna, le 4 juillet 1812. »

Ordre du jour.

Art. 1er. Il y aura un gouvernement provisoire de la Lithuanie, composé de cinq membres et d'un secrétaire général.

Art. 2. La commission de gouvernement provisoire de la Lithuanie sera chargée de l'administration des finances, des subsistances, de l'organisation des troupes du pays, de la formation des gardes nationales et del a gendarmerie.

Art. 3. Il y aura près de la commission provisoire de gouvernement de la Lithuanie un commissaire impérial.

Art. 4. Chacun des gouvernements de Wilna, Grodno, Minsk et Bialistok sera administré par une commission de trois membres présidée par un intendant.

Art. 5. Ces commissions administratives seront sous les ordres de la commission provisoire de gouvernement de la Lithuanie.

Art. 6. L'administration de chaque district sera confiée à un sous-préfet.

Art. 7. Il y aura pour la ville de Wilna, un maire, quatre adjoints et un conseil municipal composé de douze membres. Cette administration sera chargée de la gestion des biens de la ville, de la surveillance des établissements de bienfaisance et de la police municipale.

Art. 8. Il sera formé à Wilna une garde nationale composée de 2 bataillons, chaque bataillon sera de 6 compagnies.

Art. 9. Il y aura dans chacun des gouvernements de Wilna,

du côté de Wilna, empêché de continuer les opérations offensives, il fait témoigner au Roi de Westphalie son mécontentement par le major-général et nous trouvons les deux lettres suivantes :

« Mon cousin, écrivez au Roi de Westphalie que je

Grodno, Minsk et Bialistok, une gendarmerie commandée par un colonel ayant sous ses ordres, savoir :

Ceux des gouvernements de Wilna et de Minsk, deux chefs d'escadron.

Ceux des gouvernements de Grodno et de Bialistok, un chef d'escadron.

Il y aura une compagnie de gendarmerie par district.

Art. 10. Le colonel de la gendarmerie résidera au chef-lieu du gouvernement. La résidence des officiers et l'emplacement des brigades seront déterminés par la commission provisoire du gouvernement de la Lithuanie.

Art. 11. Les officiers, sous-officiers et volontaires gendarmes seront pris parmi les gentilshommes propriétaires du district, aucun ne pourra s'en dispenser ; ils seront nommés, savoir :

Les officiers, par la commission provisoire du gouvernement de la Lithuanie.

Les sous-officiers et volontaires gendarmes, par les commissions administratives des gouvernements de Wilna, Grodno, Minsk et Bialistok.

Art. 12. L'uniforme de la gendarmerie sera l'uniforme polonais.

Art. 13. La gendarmerie fera le service de police ; elle prêtera main-forte à l'autorité publique, elle arrêtera les traînards, maraudeurs et déserteurs de quelque armée qu'ils soient.

Art. 14. Notre ordre du jour en date du 1er juin dernier, sera publié dans chaque gouvernement, et il y sera en conséquence établi une commission militaire.

Art. 15. Le major-général nommera un officier général ou supérieur, français ou polonais des troupes de ligne, pour commander chaque gouvernement. Il aura sous ses ordres les garde nationales, la gendarmerie et les troupes du pays.

Au quartier-général impérial de Wilna, le 1er juillet 1812.

ne reçois qu'aujourd'hui sa dépêche du 3 juillet, tandis que j'ai reçu hier ses lettres du 4. Vous lui ferez connaître que je suis extrêmement mécontent qu'il n'ait pas mis toutes ses troupes légères, sous les ordres du prince Poniatowski, aux trousses de Bagration pour harceler son corps et arrêter sa marche; qu'arrivé le 30 à Grodno, il devait attaquer sur-le-champ l'ennemi et le poursuivre vivement. Vous lui direz qu'il est impossible de manœuvrer plus mal qu'il ne l'a fait; que le général Reynier et même le 8e corps étaient inutiles à cela; qu'il fallait faire marcher le prince Poniatowski avec tout ce qu'il avait de disponible pour suivre l'ennemi; que pour s'être éloigné de toutes les règles et de ses instructions, il fait que Bagration aura tout le temps de faire sa retraite, et la fait à son aise. Que si Bagration est parti le 30 de Wolkowisk, il peut arriver le 7 à Minsk; et qu'importe alors que le Roi y soit de sa personne le 10, puisque Bagration aura gagné quatre jours de marche sur lui? Dites-lui que le prince Poniatowski n'eût-il eu qu'une seule division, il fallait l'envoyer; mais que tout porte à penser qu'il pouvait envoyer tout le corps en avant. Il n'aurait pu être compromis, puisque Bagration n'a pas le temps de combattre ou de manœuvrer, et qu'il ne cherche qu'à gagner du terrain, sachant bien qu'il est coupé par les manœuvres que je fais faire. Que le prince d'Eckmühl est aujourd'hui 5 avec une partie de son corps en avant de Vologin, mais ne sera pas assez fort pour arrêter Bagration puisque celui-ci n'est gêné par rien. Mandez donc au

Roi qu'il donne ordre sur-le-champ au prince Poniatowski de partir avec sa cavalerie, et tout ce qu'il aura de disponible pour se mettre aux trousses de Bagration. Vous lui direz que tout le fruit de mes manœuvres et la plus belle occasion qui se soit présentée à la guerre ont échappé par ce singulier oubli des premières notions de la guerre. Sur ce, etc.

» Wilna, le 5 juillet 1812. »

« Sire, j'ai mis sous les yeux de l'Empereur votre lettre du 3 ; Sa Majesté est fâchée que vous n'ayez fait aucun mouvement pour poursuivre Bagration. Nous vous croyions déjà à Lida ou à Novogrodek. L'Empereur pense que vous avez perdu trois jours précieux, et le fruit des manœuvres qu'il vous avait fait faire. Si l'Empereur avait voulu vous diriger sur Grodno, Votre Majesté pouvait aussi bien y aller de Sczycozyn que d'Augustowo ; mais Sa Majesté vous a fait élever sur Augustowo pour gagner trois marches ; l'Empereur trouve que le mouvement du général Reynier sur Mostouï n'a pas d'utilité ; de Bialistok, le général Reynier peut, sans inconvénient, concourir à poursuivre Bagration ; mais son système général est d'être toujours à même de couvrir Varsovie, tandis que le 5e et le 8e corps, qui n'ont rien à couvrir, doivent marcher tête baissée sur Bagration. Pendant que Votre Majesté reste à Grodno, Platof était déjà à Chermanichki en présence du général Grouchy et le prince d'Eckmühl, qui est à Wichnew en présence du général Bagration, qui se réunit et manœuvre sur la rive gauche de la Bérézina. Cependant, de notre côté, une partie du corps du prince d'Eckmühl est en observation sur le corps de Barclay de Tolly.

» L'Empereur ordonne, Sire, que vous fassiez partir le général Latour-Maubourg avec le 4e corps de cavalerie et toute la cavalerie légère des 5e et 8e corps, pour qu'il se porte à grandes marches à la suite de Bagration ; faites marcher le prince Poniatowski avec le 5e corps et appuyez-le avec le 8e, en marchant dans une direction parallèle pour poursuivre Bagration l'épée dans les reins jusqu'à Minsk s'il se dirige sur ce point. Quant au général Reynier, il peut suivre votre mouvement en arrière sur la droite en continuant toujours d'observer les corps ennemis qui pourraient inquiéter Varsovie.

» Wilna, le 5 juillet, à 5 heures du soir. »

Examinons ces deux lettres. L'Empereur dit :

1° *Arrivé le 30 à Grodno, il* (Jérôme) *devait attaquer sur-le-champ l'ennemi et le poursuivre vivement.*

D'abord l'ennemi *était à plus de 20 lieues* de Grodno ; ensuite la tempête, la perte d'une partie des attelages, la désorganisation de la cavalerie et de l'artillerie, forcèrent, comme nous l'avons dit, le Roi, aussi bien que Napoléon lui-même, à suspendre les opérations offensives pendant quelques jours. Le reproche de l'Empereur n'est donc pas fondé.

2° *Le général Reynier et même le 8e corps étaient inutiles à cela* (à la poursuite de Bagration).

Mais alors que signifie cette recommandation, qui

doit diriger toute la conduite de Jérôme, recommandation si expresse contenue dans la lettre de Berthier en date du 11 juin : L'*important est que la droite que vous commandez ne se commette pas contre des forces supérieures, et manœuvre réunie de position en position?*

3° L'Empereur ajoute encore que *Poniatowski n'eût-il eu qu'une seule division, il fallait l'envoyer ; qu'il n'aurait pas été compromis, puisque Bagration n'avait pas le temps de combattre ou de manœuvrer, et qu'il ne cherchait qu'à gagner du terrain;* puis, quelques lignes plus bas, on trouve ceci : *Le prince d'Eckmühl est aujourd'hui*, 5, *avec une partie de son corps en avant de Vologin, mais ne sera pas assez fort pour arrêter Bagration.* Quoi ! Poniatowski avec *une division* peut sans crainte se commettre avec l'armée de Bagration, et Davout *avec* 40,000 *hommes* ne peut le combattre avantageusement ? Il y a là contradiction évidente. Le dépit de voir le fruit de ses savantes combinaisons prêt à lui échapper explique le mécontentement de Napoléon; mais était-il juste de s'en prendre à son frère des circonstances indépendantes de toute volonté humaine qui faisaient manquer ses projets?

La dépêche de Berthier est plus singulière que celle de l'Empereur. Elle semble écrite tout entière encore en vue de cette idée fixe que Bagration est du côté de Bol-Solcchniki et non vers Nowogrodek. *Ghermanichki* et *Wichnew*, où le major-général place Platof et Bagration à la date du 5, sont deux points situés à plus de 25 lieues de Nikolaïew sur le Niémen, où se trouvaient à cette date les deux généraux russes occupés à passer la rivière pour se rendre à Vileika. On voit dans quelle erreur on était sur la marche de la deuxième armée de l'Ouest au quartier impérial.

Cette erreur s'explique, du reste, par le fait suivant, qui dut tromper Napoléon : le corps de Doctorof fit partie de la deuxième armée de l'Ouest commandée par Bagration jusque dans les premiers jours de juin. A cette époque ce corps fut détaché de cette armée pour être annexé à la première sous les ordres directs de Barclay de Tolly, et prit position entre Lida et Grodno (1).

Maintenant, comment concilier cette phrase : *Si l'Empereur avait voulu vous diriger sur Grodno, Votre Majesté pouvait aussi bien y aller de Sczycozyn*, avec cet ordre formel contenu dans la lettre du 22 juin du major-général :

Je vous écrirai demain, Sire; *mais le 25 ou le 26, si l'ennemi à Grodno est en force inférieure aux vôtres, attaquez-le et emparez-vous de cette ville.* Il y a là une nouvelle contradiction impossible à expliquer.

L'Empereur, ajoute Berthier, *vous a fait élever sur Augustowo pour gagner trois marches.*

Berthier n'eût pas écrit une chose semblable s'il n'eût été persuadé que Bagration était près de Lida et non vers Mostouï; car, par le fait, plus Jérôme s'élevait vers le Nord, plus il s'éloignait de la deuxième armée de l'Ouest en retraite alors vers le Sud.

(1) Boutourlin, pages 117 et 152 du tome Ier.

Berthier fait encore le reproche à Jérôme d'avoir dirigé Reynier sur Mostouï. Mais pourquoi ne pas rapprocher le 7e corps du théâtre des opérations, puisque les Autrichiens sont enfin sur le Bug en position de couvrir Varsovie? Quel inconvénient y a-t-il à ce que le commandant de la droite soit à même de concentrer dans sa main toutes ses forces pour la lutte qui s'apprête?

La dernière partie de la dépêche prescrit de faire partir la cavalerie des 5e et 8e corps, pour se porter à grandes marches à la suite de Bagration. Cet ordre était déjà exécuté, puisque le 4, c'est-à-dire la veille du jour où cette lettre était écrite, ce mouvement était en pleine exécution.

Le lendemain, 6 juillet, le major-général, par ordre de l'Empereur, ne se contente plus d'écrire au roi de Westphalie, il adresse aussi des reproches au général Marchand, son chef d'état-major général, et on reçoit au quartier-général de l'aile droite les deux lettres suivantes

« Sire, j'ai mis sous les yeux de l'Empereur votre lettre du 5. La réunion du 8e corps à Nowogrodek n'importe en rien ; ce qui est très important, c'est que le prince Poniatowski, le 4e corps de cavalerie légère du général Latour-Maubourg et toute votre cavalerie légère, soutenue par les meilleurs marcheurs de votre infanterie, talonnent Bagration.

» Le prince d'Eckmühl doit être demain 7 à Minsk; il serait fâcheux qu'il eût seul affaire à Bagration, sans que celui-ci fût harcelé et en garde pour s'opposer également à la poursuite du prince Poniatowski et au prince d'Eckmühl. L'Empereur vous ordonne, Sire, de prescrire au général Poniatowski, au général Latour-Maubourg, à toute votre cavalerie légère, à quelques compagnies de voltigeurs des meilleurs marcheurs, de se porter à grandes marches à la poursuite du général Bagration. Vous ferez suivre vos divisions d'infanterie en marchant autant qu'elles pourront, mais avec ordre. L'Empereur trouve que Votre Majesté ne met pas assez d'intérêt à avoir des nouvelles, puisque le 5 vous n'aviez aucune nouvelle de la véritable direction suivie par Bagration; cela compromet l'ensemble des opérations.

» Votre Majesté dit que le général Bagration se porte sur Minsk, mais elle ne dit pas par quelle route; c'est cependant ce qu'il importe le plus à l'Empereur de savoir.

» Wilna, le 6 juillet 1812. »

« Monsieur le général Marchand, j'ai mis votre lettre sous les yeux de l'Empereur. Sa Majesté est très mécontente que vous ne donniez pas des nouvelles positives de la marche de Bagration, et quelle est la route qu'il a tenue. Sa Majesté est fâchée que le prince Poniatowski n'ait pas été mis plus vivement à ses trousses. Il n'est pas question d'aller à Minsk, ni dans tout autre point déterminé, mais il est question de suivre vivement Bagration sur la route qu'il a prise. Vous ne parlez pas plus de lui dans vos lettres que s'il n'existait pas. Le prince d'Eckmühl doit arriver demain à Minsk ; il serait fâcheux qu'il eût seul affaire au corps de Bagration, et que par là le corps d'armée du Roi ne servît à rien dans cette circonstance importante. Puisque le prince Poniatowski s'est porté sur Novogrodeck, l'Empereur en conclut que Bagration a pris cette route. Cela supposé, pourquoi ne faites-vous arriver le prince Poniatowski à Novogrodeck que le 13, tandis qu'il pourrait y être le 8, et au plus tard le 13, sur Minsk? En supposant que ce soit là route qu'ait suivie Bagration, pourquoi retarder la marche du prince Poniatowski pour attendre le 8e corps à Novogrodeck? Le prince Poniatowski, la cavalerie légère du Roi, le 4e corps de cavalerie soutenu de quelques compagnies de voltigeurs des meilleurs marcheurs, et appuyé successivement par les divisions d'infanterie, devaient, à tire d'aile, poursuivre Bagration sur sa route et le harceler. L'Empereur trouve qu'agir comme a fait le Roi, ce n'est pas faire la guerre, et que c'était à vous à l'éclairer.

» Wilna, le 6 juillet 1812. »

Voyons cependant ce qui avait été fait par Jérôme, et quelle était sa position vis-à-vis de l'ennemi.

Le 4 juillet, la tempête étant apaisée et le mal qu'elle avait causé réparé autant que possible, les troupes des 5e et 8e corps, précédées par la cavalerie de Latour-Maubourg, s'étaient mises en marche pour Novogrodeck, où les éclaireurs signalaient la présence de Platof et de Bagration. Le 5, le quartier-général était établi à Skidel, le 6 à Chtchoutschin et le 7 à

Bielitza. Un peu au-dessus de cette dernière ville se trouvait un pont sur le Niémen; les Cosaques, en se repliant, l'ayant endommagé, il fallut perdre quelques heures pour le rétablir, en sorte que l'armée n'arriva à Novogrodeck que le 8, assez tard. Le 7e corps, qui avait séjourné le 4 à Bialistok, en partit le 5 pour prendre position autour de Ghradek, sur la route de Wolkowisk, longeant par un mouvement parallèle celui des trois autres corps de l'aile droite, et se maintenant à peu près à leur hauteur. Le 6, Reynier fut à Brestovitsa, et le 7 il entra à Wolkowisk, se mettant en communication, par Mostouï, avec les autres corps de l'aile droite, par Podorosk, avec les Autrichiens du prince de Schwartzemberg.

Bagration, de son côté, arrivé le 3 à Nowogrodek, où il avait rallié les Cosaques de Platof, continua le 4 le mouvement qui lui était prescrit, sur Wileika. Il franchit le Niémen à Nicolaïew, mais apprenant que Davout n'était plus qu'à une marche de Vologin, village par où il devait s'engager pour gagner Vileika, il rétrograda le jour même sur Mir, où il arriva le 5, et le 6 il coupa droit sur Nowoï-Swergenn, afin de se placer sur la grande route de Slonim à Minsk, espérant encore atteindre cette ville avant le prince d'Eckmühl. Il reconnut bientôt qu'il devait abandonner cet espoir, et il se décida à se replier jusque sur la Bérésina, à passer cette rivière à Bobrouisk, après avoir fait une longue et difficile retraite à travers les forêts marécageuses de Romanow et de Sloutsk, car, ainsi que nous l'avons fait observer, il ne se croyait pas assez fort pour lutter contre Davout, qu'il supposait à la tête de tout son corps d'armée, ce qui n'était pas, et il craignait de voir apparaître à chaque instant les têtes de colonnes du roi de Westphalie, qui était effectivement en pleine marche à sa poursuite.

Par conséquent, malgré les retards causés par la lenteur des Autrichiens, et la tempête qui assaillit l'armée à Grodno, malgré les efforts des Russes pour échapper à la poursuite de l'aile droite, Bagration, loin d'être sauvé, était au contraire dans la position la plus critique, le roi de Westphalie, loin de le laisser échapper, était sur ses pas, Davout arrivait à Minsk. Il s'en fallait donc de beaucoup alors que les combinaisons de l'Empereur fussent perdues. Sans la persuasion où l'on était au quartier impérial, qu'une colonne de la deuxième armée russe avait paru vers Bol-Solechniki et Ochmiana; sans cette erreur qui faisait prendre le corps de Doctorof, c'est-à-dire le dernier de Barclay, pour l'avant-garde ou le premier de Bagration, Napoléon n'eût pas fait écrire par le major-général à son frère ces lettres de reproches qu'il regretta quelques jours après, quand la vérité lui fut bien connue.

Jérôme parvenait très difficilement à se procurer des renseignements exacts sur les mouvements de Bagration et de Platof; on en jugera par le rapport suivant du général Latour-Maubourg, dont la cavalerie marchait à l'avant-garde. On verra aussi par ce rapport que la cavalerie de l'aile droite était loin de négliger cette importante partie de son service, ainsi que paraissait le croire l'Empereur, mais qu'elle était souvent trompée par les gens du pays. Latour-Maubourg écrivait :

« Sire, j'ai l'honneur de rendre compte à Votre Majesté que j'ai prescrit au général Kamienski, commandant la cavalerie légère du 5e corps, d'envoyer un fort parti sur Zoriccial et Waluwka, et un autre sur Mostouï. J'ai donné cet ordre au général Kamienski ce matin, avant mon départ de Chtchoutschin, d'après ce qu'il m'a écrit qu'il avait reçu l'ordre, hier, de prendre les miens. Je n'ai connu cette disposition de Votre Majesté que par la lettre du général Kamienski.

» Voici les renseignements que j'ai pu recueillir :

» L'ennemi n'est point à Nowogrodek; depuis six jours, le corps du prince Bagration est en pleine retraite sur Bobrouisk. Le général Platof s'était retiré sur Ivïé, d'où il doit avoir pris la direction de Polotzk, sur la Dwina.

» Un régiment de cavalerie légère de la division Kamienski a parcouru tout le pays entre le Niémen et Slonim. Les Cosaques n'ont pas eu le temps de brûler le pont de Bielitza par l'activité de la cavalerie légère du général Kamienski qui, par un feu soutenu, a éloigné les Cosaques, qui avaient dessein de le brûler. Pendant ce temps, un détachement du 5e régiment de chasseurs était à Mostouï, où il a pris un convoi considérable de seigle, une ambulance chargée de médicaments, etc. Ces différents objets sont ici. Votre Majesté a sûrement eu connaissance de ces différents détails.

» Une brigade de la division Kamienski est partie

ce matin pour Nowogrodek, passant par Bielitza. Il reste ici une brigade qui a des détachements sur Zoriccial, passant le Niémen à Orly, où il y a un gué.

» J'ai l'honneur de rendre compte à Votre Majesté que je prescris au général Rozniecki de se rendre à Nowogrodek demain, et de pousser des reconnaissances aussi loin que possible sur la route de Minsk, et dans les directions de la Dwina. Cette mesure m'engage à porter demain la brigade du prince Sulkeroski à Bielitza, à moins que Votre Majesté n'en ordonne autrement. J'ai pensé que ces mouvements un peu avancés entraient dans les intentions de Votre Majesté.

» Je prescris au général Rozniecki de rassembler des vivres à Nowogrodek et d'y former des magasins. Je compte partir demain matin pour Bielitza, si Votre Majesté ne me donne pas un ordre contraire.

» Je donne l'ordre au colonel Hurtig d'envoyer ici, cette nuit, la batterie polonaise la mieux attelée, et je la ferai marcher avec la brigade Sulkeroski jusqu'à ce que cette batterie rejoigne la division Rozniecki.

» Zoludek, le 6 juillet 1812. »

P. S. — « Un de mes aides-de-camp est parti en poste pour porter des dépêches au général Rozniecki, à Bielitza. J'attends de ses nouvelles ce soir. »

Ce rapport contenait deux renseignements inexacts. Il disait que Bagration était depuis six jours en pleine retraite sur Bobrouisk, tandis que ce général ne devait commencer ce mouvement que le lendemain,

7 juillet. Il faisait partir Platof d'Ivïé, dans la direction de Polotzk, tandis que l'hetmann suivait la fortune du commandant en chef de la 2e armée de l'Ouest. Malgré les indécisions qui devaient être la conséquence de cette difficulté à connaître la vérité sur la force et la marche des Russes, l'aile droite de la Grande Armée française n'en remplissait pas moins la mission qui lui était confiée. Bagration n'avait pu percer sur aucun point pour rallier Barclay de Tolly; Jérôme était parvenu à le maintenir toujours sur sa droite. Encore quelques pas, et les colonnes russes allaient être poussées en queue par toutes les forces de l'aile droite, et prises en flanc par les troupes de Davout.

L'Empereur, impatient à Wilna d'apprendre la destruction de la 2e armée de l'Ouest; trompé par de faux rapports qui lui faisaient croire que la tête de colonne de Bagration avait passé et se trouvait déjà bien en avant de Nowogrodek; irrité à la pensée du séjour bien involontaire du roi de Westphalie à Grodno, séjour qui eût été en effet inexcusable s'il eût été possible de l'éviter; l'Empereur, disons-nous, ne pouvant se faire à l'idée que force avait été de laisser quatre jours l'aile droite dans l'inaction, croyant la concentration des deux armées ennemies prête à s'effectuer, ne put se contenir, et prescrivit au major-général d'écrire lettres sur lettres à son frère, à Davout, à Poniatowski, pour leur ordonner de marcher en avant, de presser, d'écraser les Russes.

Le 6, le 7, le 8 juillet les dépêches de Berthier, de

Napoléon lui-même se succèdent sans interruption :

Le 6, c'est le major-général qui envoie un ordre secret et des renseignements sur l'aile droite, au prince d'Eckmühl :

» Il paraît, Monsieur le maréchal, que le prince Poniatowski est parti le 4. Je lui donne l'ordre de presser sa marche et de se réunir le plus tôt possible avec vous. Vous trouverez ci-joint un ordre de l'Empereur que *vous tiendrez secret* (1) et dont vous ne ferez usage qu'en cas de réunion du corps du roi de Westphalie avec le vôtre, et si le bien du service l'exige. Si par les circonstances cette réunion n'avait pas lieu, vous considéreriez ces ordres comme annulés.

» On pense que le prince Poniatowski était hier à Bielitza se dirigeant sur Novogrodeck à la poursuite de Bagration ; et nous pensons que la route qu'il tient est celle de Bagration puisqu'il a toujours eu l'ordre de le poursuivre.

» Wilna, le 6 juillet 1812. »

Le 7, l'Empereur veut que l'on adresse une lettre en chiffres à Jérôme :

« Mon cousin, faites connaître par une lettre en chiffres au roi de Westphalie la position du prince d'Eckmühl, hier 6 ; vous la tirerez des reconnaissances ci-jointes. Réitérez-lui l'ordre d'activer sa marche ;

(1) Nous donnerons dans le livre suivant cet ordre de l'Empereur, ordre très important et dont nous aurons à nous occuper longuement.

dites-lui que les renseignements qu'il donne sur Bagration sont si imparfaits qu'ils nous embarrassent ; que s'il sait la marche qu'il a prise, il nous la fasse connaître. Sur ce, etc.

» Wilna, 7 juillet 1812, à 6 heures du soir. »

Le major-général, en exécution de cet ordre, écrit :

« Sire, j'ai l'honneur de prévenir Votre Majesté que hier, 6, le prince d'Eckmühl était à Bobrowistchi en avant de Vologin, avait ses postes sur Perchaï, coupant à l'ennemi la route de Minsk. Le général Bordesoulle était à Rosolichki, le général Grouchy au delà de Wichnew marchant sur les Cosaques qui paraissaient en avant d'eux.

» Des rapports disent que le prince Poniatowski était à Ivïé ayant des Cosaques devant lui.

» Votre Majesté sentira dans cette position combien il est important d'activer sa marche, puisque la tête du prince Bagration se trouve arrêtée et coupée.

» Les renseignements que Votre Majesté donne sont si imparfaits qu'ils nous embarrassent ; si vous connaissez la marche de Bagration, faites-nous-la connaître, cela est très important.

» Wilna, le 7 juillet 1812. »

Une autre lettre de Berthier, du même jour, arrive au quartier-général du roi de Westphalie presque à la même heure, la voici :

« Sire, Votre Majesté doit avoir reçu mes différentes dépêches dans lesquelles je lui fais connaître qu'elle doit se mettre sans relâche à la poursuite de Bagration; l'intention de l'Empereur est que le général Reynier se tienne toujours néanmoins en mesure de couvrir Varsovie; je prie Votre Majesté de lui donner à cet effet ses ordres.

» Je viens de donner l'ordre au prince de Schwartzemberg de se porter sur Slonim, et de Slonim sur Nesvij.

» Wilna, le 7 juillet 1812. »

Enfin une troisième lettre, également du 7, contient ce qui suit:

« Sire, l'Empereur ne comprend pas comment le prince Poniatowski, parti le 4, est si en retard. Sa Majesté trouve que vous avez ralenti sa marche sans raison. Sa Majesté parle de deux séjours à donner à ses troupes quand il s'agit d'aller à marches forcées, puisqu'on en est aux mains et que la tête du corps de Bagration se bat avec le prince d'Eckmühl. Vous dites qu'on a pris des bagages de Bagration; mais vous ne dites pas sur quelle route. Sa Majesté ne trouve point vos lettres d'un style militaire. Sa Majesté n'y peut puiser aucun renseignement. Vous devez recevoir les rapports de vos généraux et de vos colonels d'avant-garde; vous devez, après les avoir lues, les envoyer en original à l'Empereur. C'est ainsi que fait le roi de Naples et que font tous les commandants de corps d'armée. L'Empereur lit ces volumes de rapports; c'est là qu'il puise les renseignements d'après lesquels il dirige ses troupes; il faut même envoyer ceux qui sont contradictoires. Votre Majesté a oublié que, dans ses instructions générales, le général Reynier a toujours pour but principal de couvrir Varsovie, tout en faisant quelques marches du côté de l'ennemi. Vous devez donc lui donner des instructions en conséquence, pour s'opposer à ce que pourraient entreprendre les troupes ennemies de la Wolhynie. Vous devez, Sire, presser la tête de votre corps d'armée. Il est inutile que le 7e corps marche à la hauteur du 5e; l'essentiel est que votre cavalerie arrive promptement sur la queue de l'ennemi et qu'elle soit appuyée par les meilleurs marcheurs de votre infanterie. L'Empereur ne trouve pas bonne la route que vous indiquez; vous faites une route d'étapes, tandis que vous n'avez d'autres routes à tenir que celle qu'a prise l'ennemi. Vous parlez d'aller à Minsk, ce ne peut être que si l'ennemi y va: en suivant la route de Bagration, pouvez-vous savoir que c'est sur Minsk, quand lui-même n'en sait rien, puisqu'il se trouve coupé, et que la position du prince d'Eckmühl peut faire changer à tout moment sa direction? Comment votre cavalerie ne harcelle-t-elle pas l'ennemi? Votre Majesté a auprès d'elle des généraux qui ont la confiance de l'Empereur, le général Marchand et le général Latour-Maubourg; le prince Poniatowski est également un bon officier, dont vous ne tirez pas assez de parti; vous devriez le mettre rapidement à la poursuite de Bagration. Enfin dans quelques lieux que se trouve Bagration vous devez le suivre. S'il rentre en Wolhynie, vous devez le suivre en Wolhynie, et partout où il se dirigera, soit sur Bobrouïsk ou toute autre part. Votre Majesté doit cependant toujours observer de se tenir constamment en communication avec l'Empereur pour recevoir des ordres en cas de circonstances imprévues. Je ne puis que vous répéter, Sire, d'envoyer à l'Empereur tous les rapports originaux qui vous parviendront des avant-postes. On tire même, à la guerre, des renseignements précieux des rapports contradictoires; les deux ou trois jours que les troupes de Votre Majesté ont perdus peuvent sauver Bagration.

» Wilna, le 7 juillet 1812. »

Nous avons dit plus haut d'où provenait l'impatience de l'Empereur. Ces reproches, ces recommandations, ces ordres réitérés avaient une seule et unique cause, l'erreur dans laquelle on était tombé au quartier impérial en prenant l'un des corps de Barclay pour la tête de colonne de Bagration. Expliquons maintenant ce qui venait de changer si subitement le rôle de Reynier et de Schwartzemberg, pourquoi on arrêtait tout à coup la marche du premier pour le faire rétrograder sur le Grand Duché, tandis qu'on portait en avant et à sa place, le second.

Le Roi de Westphalie avait signalé à son frère la tendance des Autrichiens à rester dans le Grand Duché et sur les bords de la Vistule; l'Empereur, tout en feignant de croire à la bonne foi, aux bonnes dispositions des Autrichiens, s'en défiait; il venait d'apprendre d'une manière certaine que les forces russes prenaient dans le sud du théâtre de la guerre un accroissement assez considérable pour donner des craintes sérieuses et menacer la base d'opération de la droite, il n'hésita plus à confier la défense de cette ligne à des troupes sûres et à rapprocher celles qui offraient moins de garanties de fidélité de l'armée de Jérôme. Il ne soupçonnait nullement le prince de Schwartzemberg de mauvaises intentions, mais bien ses troupes.

Dans sa troisième lettre en date du 7, le prince de Neuchâtel dit *qu'il ne comprend pas comment Poniatowski, parti le 4, est si en retard.* Expliquons encore d'où vient l'erreur de Berthier. Poniatowski se trouvait à la date du 7 près de Nowogrodek, il n'était donc pas en retard par le fait; mais pour le quartier impérial qui voyait toujours Bagration sur la route de Minsk *par Smorgoni* et non sur la route de Minsk *par Nowogrodek*, le commandant du 5ᵉ corps était beaucoup au-dessous du point où, fort à tort, on aurait voulu le savoir. On ne comprend pas davantage ce reproche: *Pourquoi votre cavalerie ne harcelle-t-elle pas l'ennemi?* Avant de harceler l'ennemi, il fallait l'atteindre. Pour l'atteindre il fallait gagner Nowogrodek par des chemins détestables, avec de la cavalerie et de l'artillerie, dont les chevaux avaient beaucoup souffert; une distance de plus de quarante lieues séparait l'aile droite de l'armée de Bagration. Comment Jérôme aurait-il donc pu se trouver avant le 8 ou le 9 en présence des Russes?

Le 8, l'Empereur écrivit lui-même au roi de Westphalie:

« Mon frère, je reçois votre lettre du 7 à neuf heures du soir. Le général Latour-Maubourg doit avoir avec lui, non seulement sa cavalerie légère, mais aussi toute sa cavalerie et son artillerie légère. C'est ainsi que marchent les généraux Montbrun, Nansouty, Grouchy et le roi de Naples. Il faut même y entremêler, quand cela est possible, quelques compagnies de voltigeurs. Si le général Latour-Maubourg avait eu à Nowogrodek, avec sa cavalerie légère, ses cuirassiers et son artillerie légère, il aurait pu faire du mal à l'ennemi. Poursuivez l'ennemi l'épée dans les reins. Le prince d'Eckmühl doit être à Minsk.

» Wilna, le 8 juillet, à minuit. »

Le 7, Reynier avec le 7e corps était à Wolkowisk en communication avec les 5e et 8e corps et avec les Autrichiens. Le 8, à trois heures du matin, ses troupes quittèrent Wolkowisk pour se porter à Zelva sur les bords d'une petite rivière du même nom, à une marche de Slonim. Le 9, son avant-garde entra dans cette ville et le 10, toutes ses forces s'y établirent. De Slonim, cet officier-général envoya de fortes reconnaissances en avant, sur Neswij, à sa gauche vers Nowogrodek. Il apprit par elles que Bagration occupait encore Mir et Nesvij et que l'armée de Tormassof organisée en Wolhynie semblait vouloir prononcer son mouvement offensif du côté de Pinsk.

Ainsi, vers le 8 juillet, la position respective des armées belligérantes de ce côté du théâtre de la guerre était la suivante.

Les 5e et 8e corps avec la cavalerie de Latour-

Maubourg à Nowogrodek, sous les ordres immédiats du roi de Westphalie ; le 7e corps sous Reynier à Slonim à deux marches et sur la droite de Nowogrodek ; les Autrichiens à l'extrême droite en avant du Bug ; Davout à une étape de Minsk.

Bagration, au contraire, après avoir essayé inutilement de percer vers le nord, après avoir passé et repassé le Niémen, se concentrait à Nesvij, ayant son arrière-garde couverte par les Cosaques de Platof, à Mir.

On le voit par ce résumé succinct, non seulement la 2e armée de l'ouest n'était pas sauvée, malgré ses manœuvres habiles pour rejoindre la droite des Russes, mais elle se trouvait plus compromise que jamais, puisque rien ne semblait pouvoir empêcher Jérôme et Davout, qui allaient se trouver réunis, de combiner leurs efforts pour l'écraser avec des forces supérieures.

LIVRE CINQUIÈME.

Marche des 5ᵉ et 6ᵉ corps de Nowogrodek sur Mir. — Combats de Korcliczi le 9. — De Mir le 10 juillet. — Lettre du major-général relativement à l'affaire du 10. — Réflexions sur les reproches adressés par ordre de l'Empereur à Jérôme et à Latour-Maubourg. — Dépêches du 11 juillet. — Arrivée de Jérôme à Nesvij. — Ordre secret adressé au prince d'Eckmühl en cas de réunion des troupes sous son commandement avec celles du roi de Westphalie. — Démarche de ce dernier vis-à-vis Davout. — Réponse inconvenante de Davout. — Différend entre le roi et le prince d'Eckmühl. — Conséquence de ce différend. — Ses causes. — Jérôme quitte l'armée. — L'Empereur veut qu'il reprenne son commandement. — Réflexions à ce sujet. — Blâme adressé par Napoléon à Davout.

Arrivé le 8 juillet au soir à Nowogrodek avec trois de ses quatre corps d'armée et ayant à quelques lieues sur sa droite les 20,000 Saxons de Reynier, le roi de Westphalie était enfin parvenu sur les derrières de Bagration.

Sa marche, quoi que l'on ait pu dire et écrire, avait été assez rapide, puisque Grodno est éloigné de trente-cinq lieues de Nowogrodek, et que parti le 4 de la première de ces deux villes, il se trouvait le 8 dans la seconde, après avoir parcouru un pays marécageux dont les routes étaient abîmées par les pluies. Le prince Poniatowski, lancé avec sa cavalerie, avait gagné près d'une marche. Le même jour, Davout était entré à Minsk, coupant la ligne secondaire d'opération par laquelle le commandant de la deuxième armée russe de l'ouest espérait rejoindre Barclay de Tolly. Ainsi la première partie des instructions de l'Empereur, qui était d'empêcher Bagration de rallier le général en chef, paraissait remplie ; il n'y avait plus qu'à pousser les Russes et à les forcer à livrer bataille.

Le 9, le prince d'Eckmühl, comprenant l'importance du rôle de Poniatowski, lui écrivit de Minsk la lettre suivante en chiffres :

Déchiffrement de la dépêche de S. Exc. le maréchal prince d'Eckmühl.

« Minsk, le 9 juillet 1812.

» Monseigneur, il est du plus grand intérêt que nous fassions notre jonction, et que nous agissions de concert pour détruire le corps du prince Bagration.

» Je suis arrivé hier après midi à Minsk ; j'y ai appris que le prince Bagration, qui était le 8 à Nowoï-Swergenn, ne pouvant plus arriver avant nous à Minsk, en était parti le même jour 8 pour Nesvij, et qu'il doit se diriger par Sloutsk sur Bobrouisk.

» Il me semble que vous devez le poursuivre l'épée dans les reins pour ralentir sa marche et nous donner le temps de combiner une opération contre lui.

» Je suppose que le corps des Cosaques de Platof,

qui a repassé le Niémen le 6 et le 7, suit la même direction.

» Ce serait un grand coup de partie si vous le pressiez au point de le forcer à prendre position, afin que pendant que vous le combattrez je puisse attaquer ses derrières.

» Vous pourrez diriger les officiers que vous *me* ferez passer par Kamen, Wolma et Minsk. Je vous écris de préférence qu'à Sa Majesté le roi de Westphalie, parce que vous êtes chargé de suivre le prince Bagration.

» Poursuivez-le l'épée dans les reins, je sais que c'est l'intention de l'Empereur.

» Je vous prie de faire connaître ma position à Sa Majesté le roi de Westphalie.

» J'aurai ce soir 14,000 hommes de troupes devant Ighoumen.

» N'oubliez pas le canal Oginski, lorsque vous pourrez y envoyer des partis. Vous savez que c'est là leur grande communication. »

Informé immédiatement par le prince Poniatowski de la position et des projets de Bagration, Jérôme donna ordre à la cavalerie de marcher sur Koreliczi, et lui-même se dirigea avec toutes ses forces sur cette petite ville, située à moitié chemin de Nowogrodek à Mir. Elle venait d'être réoccupée par un détachement des Cosaques de Platof, qui l'avaient abandonnée la veille pour rallier à Nesvij la deuxième armée de l'Ouest. Voici comment :

Bagration forcé, comme nous l'avons vu au livre précédent, d'abandonner successivement tous ses projets, par suite de la marche de Davout et de la poursuite du roi de Westphalie, s'était replié d'abord sur Nowoï-Swergenn pour attendre et rallier Dorokhof; puis sur Nesvij, où il avait été rejoint par Platof. Ses troupes étaient épuisées de fatigue, et malgré la résignation et le stoïcisme qui sont les vertus caractéristiques du soldat russe, il était urgent, indispensable même, de leur laisser quelques instants de repos. Il y avait d'ailleurs nécessité à donner aux bagages et aux parcs le temps de filer sur Sloutsk et de débarrasser la route. Le général russe s'était donc décidé, malgré sa répugnance, à rester trois jours à Nesvij. Le 8, c'est-à-dire le jour même où il parvint à réunir autour de lui toutes ses forces, il apprit l'arrivée du prince d'Eckmühl à Minsk et celle de Jérôme à Nowogrodek. Il prescrivit aussitôt à Platof de se porter sur Mir et de détacher des troupes légères sur Koreliczi pour observer l'avant-garde française. Il avait eu soin de renforcer le corps de l'hetman de deux régiments de Cosaques de son armée, et le général Wassilczikof le suivait avec trois régiments de cavalerie et un d'infanterie (1).

(1) A propos du dernier changement de projet de Bagration et de la résolution qu'il prit d'échapper aux Français en gagnant Bobrouisk, nous trouvons dans Boutourlin, page 188 : « Le prince » (Bagration), voyant que l'on ne pouvait plus gagner Minsk sans » combattre Davout, ne crut pas devoir en courir les risques. *A la*

Le 9, vers le milieu de la journée, le régiment de cavalerie légère polonaise qui formait l'extrême avant-garde des troupes de Jérôme s'avança jusqu'à Koreliczi, et vint se heurter contre les Cosaques de Platof, occupant en force cette petite ville. Malgré l'infériorité du nombre, les Polonais, pleins d'ardeur et de haine, voulurent attaquer les Russes. Ils furent ramenés avec perte. Le lendemain, le général Rosnietzky, furieux du petit échec qu'avait éprouvé un des régiments sous ses ordres, poussa avec une partie de sa division de cavalerie légère jusqu'à Mir, où Platof s'était replié après le combat, dans une bonne position. Pour arriver jusqu'à Mir, il faut traverser une chaussée étroite, longue d'une demi-lieue, à droite et à gauche de laquelle se trouvent des plaines marécageuses où les chevaux ne peuvent marcher.

Platof avait laissé libre cette chaussée, enfilant avec

» *vérité, réuni à Platof et à Dorokhof, il pouvait se présenter de-*
» *vant Davout avec une armée presque égale en nombre aux*
» *soixante mille qu'il lui supposait; mais les chances d'une ba-*
» *taille eussent été à l'avantage des Français........* Bagration
» battu, n'ayant d'autre retraite que la route de Nesvij par
» Nowoï-Swergenn, *aurait vu cette route coupée par le roi de*
» *Westphalie*, etc......»

Ceci prouve : 1° Que Bagration avait avec lui *soixante mille* hommes et non une trentaine de mille, comme Berthier l'avait dit dans sa lettre du 6 juillet; 2° que le 8 juillet, le général russe se trouvait si bien coupé de sa ligne et rejeté sur la droite en dehors du centre d'opération, qu'il se décidait, pour rejoindre Barclay de Tolly, à une marche des plus dangereuses et des plus pénibles.

une batterie l'étroit défilé. Ainsi que s'y attendait le chef des Cosaques, Rosnietzky, brûlant d'en venir aux mains et de prendre sa revanche de l'affaire de la veille, se lança inconsidérément sur cette chaussée, qu'un petit peloton de cavalerie pouvait tout au plus aborder de front. Trois régiments polonais s'y précipitèrent et arrivèrent ainsi jusqu'auprès de l'embuscade des Cosaques, soutenus par le général Wassilczikoff. Dès que les Russes virent la cavalerie polonaise bien compromise, ils démasquèrent leur batterie, l'accueillirent par un feu des plus vifs et la repoussèrent avec une perte assez considérable. Le roi de Westphalie se trouvait avec le général Latour-Maubourg à une petite lieue en arrière de la tête de la chaussée, lorsqu'on vint le prévenir que son avant-garde était aux prises d'une manière sérieuse avec l'arrière-garde russe, et même se trouvait compromise par suite des mauvaises dispositions du général Rosnietzky. Jérôme se porta à l'instant, avec le général Latour-Maubourg, sur le lieu du combat. Voyant les Polonais très mal menés, il ordonna à Latour-Maubourg de faire avancer sur la chaussée une division de grosse cavalerie, de repousser les Cosaques qui venaient de s'y engager, enhardis par leur premier succès, et de forcer Platof à se renfermer dans Mir. Les cuirassiers français et westphaliens n'eurent pas de peine à obtenir ce résultat et à dégager la cavalerie polonaise ; mais cette dernière avait éprouvé des pertes assez sensibles, et malgré les termes du bulletin de la Grande Armée où il est question de ce fait, il n'en est pas moins positif qu'il produisit un fâcheux effet sur nos troupes, tandis qu'il exalta outre mesure les esprits dans l'armée de Bagration et remonta le moral de ses soldats, découragés de se voir pris en queue et en flanc par des forces considérables, et de n'avoir, pour échapper, au danger qu'une seule issue à travers des forêts marécageuses.

L'Empereur ne pardonnait pas facilement un revers, surtout au commencement d'une campagne ; il était déjà fort peu satisfait de son aile droite, sur laquelle il recevait des rapports dont il n'avait pas encore été à même de reconnaître la fausseté. Lorsqu'il apprit l'affaire du 10, il fut très mécontent ; mais au lieu de s'en prendre au général Rosnietzky, seul responsable en cette circonstance, c'est sur le général Latour-Maubourg qu'il fit peser sa colère. Il écrivit à Berthier :

« Mon cousin, témoignez mon mécontentement au général Latour-Maubourg de l'affaire du 10, qui ne répond pas à la confiance que j'avais en lui. Depuis quand un général, qui a déjà fait la guerre en Pologne, peut-il suivre une arrière-garde ennemie où il sait qu'il y a 6,000 Cosaques et 4,000 hommes de cavalerie régulière, c'est-à-dire 10 ou 11,000 hommes de cavalerie, seulement avec une division de cavalerie légère ? Que s'il avait suivi l'ennemi avec les deux divisions de son corps et les 4 brigades de cavalerie légère des 5e et 8e corps, soutenus par 12 ou

18 pièces d'artillerie légère, il aurait eu l'avantage, porté la terreur dans les rangs de l'ennemi et accéléré sa retraite ; que Sa Majesté est extrêmement mécontente que, de sa personne, il ne se soit pas trouvé à son avant-garde ; que lorsqu'une division de cavalerie donne, il doit y être. Vous lui donnerez l'ordre formel de vous envoyer un détail positif sur l'affaire du 10 ; que le rapport du général de division Rosnietsky est oblique et insignifiant ; que je veux avoir le rapport des colonels et l'état des pertes en officiers, sous-officiers et soldats tués, blessés et prisonniers, avec l'état nominatif des officiers, par compagnie. Vous lui ferez comprendre que je n'entends pas être trompé sur les détails et que je veux connaître la vérité tout entière. Vous lui demanderez qu'il ait à envoyer au Roi, exactement, tous les rapports des reconnaissances, des grand'gardes et tous les renseignements qu'il se procure ; que son corps est le seul qui n'envoie rien ; que l'Empereur ignore le nombre de divisions et de régiments (et leur force) qu'a avec lui Bagration ; que cela est la faute du général Latour-Maubourg ; que depuis dix jours qu'il est dans les pays qu'a occupés Bagration, il devrait avoir recueilli une foule de renseignements qui permettent de savoir à quoi s'en tenir ; que le roi de Westphalie n'est instruit de rien ; que j'espère qu'il répondra mieux à ma confiance ; qu'il imite les généraux Nansouty et Montbrun ; qu'il me donne des détails nombreux sur les forces ennemies qui sont devant lui, qu'il se tienne toujours à son avant-garde.

» Mandez au roi de Westphalie que je suis très mécontent de l'affaire du 10 ; qu'il a donné une mauvaise organisation à son armée ; que son armée est la seule où l'on ne fait pas son devoir ; que si le général Latour-Maubourg avait été à la tête de sa division, il aurait été le maître de la conduire convenablement ; qu'il est inouï, et que c'est n'avoir pas les premières notions de la guerre que de poursuivre 6,000 Cosaques et 4,000 hommes de cavalerie de ligne, c'est-à-dire 10 ou 11,000 hommes de cavalerie, seulement avec une division de cavalerie légère ; que si les brigades de cavalerie légère des 5e et 8e corps, si les cuirassiers, avec 12 ou 18 pièces d'artillerie légère avaient été ensemble, il eût eu une cavalerie supérieure à celle de l'ennemi, les Cosaques ne pouvant pas, à la rigueur, compter en ligne ; qu'on aurait eu en même temps une affaire brillante, au lieu d'une espèce de défaite ; que de sa personne il devrait être à son avant-garde ; que rien ne remplace le chef ; que ce n'est pas ainsi qu'en agissent les commandants des autres corps ; qu'il est honteux et sans exemple dans l'histoire de la guerre, qu'après avoir été huit jours à la suite d'une armée ennemie, on ignore le nombre de divisions et de régiments qui la composent ; qu'il ne se donne la peine de prendre aucun renseignement, de sorte que ne sachant pas ce qu'il a devant lui, il est impossible qu'il puisse diriger ses corps ; que c'est la seule partie de l'armée où cela arrive ; que tous les autres commandants savent à point nommé, et rendent compte en détail des changements qui ont lieu chaque jour dans les corps ennemis qu'ils ont devant eux ; que je suis bien mécontent du peu de renseignements que je reçois de lui ; que s'il n'en reçoit pas d'autres que ceux qu'il m'envoie, il n'a pas les premières notions du commandement; que s'il en reçoit d'autres et qu'il ne me les envoie pas, il a tort ; que je reçois des autres corps une centaine de rapports par jour, des grand'gardes, des partis, des reconnaissances qui rentrent, des interrogatoires, etc., qui sont envoyés par les divers officiers commandants aux généraux d'avant-garde, et par ceux-ci au commandant des corps qui me les transmet ; que son corps est le seul duquel je ne reçois rien ; qu'il ne m'est parvenu aucun rapport en règle de l'affaire qui a eu lieu le 10 ; que je veux avoir un détail circonstancié de cette affaire, avec l'état, par compagnie et par régiment, des hommes tués, blessés, prisonniers, le nom des officiers, etc. ; qu'il se fasse remettre ce rapport sans délai, et ne perde pas de temps à me l'envoyer.

» Sur ce, etc.

» Wilna, le 14 juillet 1812 (1). »

La colère de Napoléon éclate à chaque phrase dans cette lettre, mais il n'est pas difficile de prouver que

(1) Nous avons cru devoir donner cette lettre avant celles du 11 juillet, afin de ne pas avoir à revenir sur ce qui est relatif aux combats des 9 et 10 du même mois.

ces reproches nombreux sont pour la plupart dénués de fondement. L'Empereur se plaint de ce que le général Latour-Maubourg n'était pas à la tête de sa division, de ce qu'il a poursuivi l'ennemi avec de la cavalerie légère, et de ce qu'il ne fournissait pas au roi de Westphalie des renseignements précis sur l'armée de Bagration. D'abord l'affaire du 10 était une simple affaire d'avant-garde dans laquelle le général Rosnietzky avait engagé inconsidérément et fort inutilement sa cavalerie légère, sans recevoir aucun ordre et sans même faire prévenir les troupes qui le suivaient. Les Polonais entraînés, par leur ardeur et voulant à tout prix se mesurer avec les Russes, avaient donné dans une embuscade. Le général Latour-Maubourg, qui commandait, non pas seulement une division, mais bien un corps de cavalerie tout entier, et sous les ordres duquel ne se trouvaient pas les brigades de cavalerie légère polonaise attachées aux 5e et 8e corps, n'avait pas à s'immiscer dans la marche de Rosnietzky, et n'était pas tenu, ce nous semble, de se trouver à l'extrême avant-garde avec les lanciers polonais chargés d'éclairer les têtes de colonnes. Sa place, au contraire, était marquée, ainsi que celle du roi de Westphalie, à la tête de la cavalerie de son corps d'armée, où il était effectivement. L'Empereur avait d'autant moins bonne grâce à réprimander le général Latour-Maubourg, que c'était lui qui, avec une de ses grosses divisions, avait sauvé les débris des régiments polonais, rétabli le combat et forcé Platof à se replier, quoique vainqueur, jusque sur Nesvij, pour suivre le nouveau mouvement de retraite que commençait, ce jour-là même, 10 juillet, le prince Bagration. Le général Latour-Maubourg suivait si peu les troupes russes avec de la cavalerie légère seulement, que son corps de grosse cavalerie n'était pas à plus d'une lieue en arrière de l'extrême avant-garde, et qu'en peu d'instants il put, à la tête d'une partie de ses cuirassiers, remédier au mal. Nous avons déjà fait observer qu'il n'était pas si facile que l'Empereur semblait le croire, de se procurer, au commencement de cette campagne, et dans ces provinces, des notions exactes sur la deuxième armée de l'Ouest, fuyant à marche forcée et changeant à chaque instant de détermination et de route ; la meilleure preuve, c'est que Davout qui se trouvait tout aussi près que Jérôme de Bagration, qui avait les mêmes moyens que le roi de Westphalie pour se procurer des renseignements, n'en savait pas plus que ce dernier sur la force et la composition des corps ennemis, et ne fournissait pas à l'Empereur de meilleurs documents.

Napoléon parle encore de la mauvaise organisation donnée par son frère à son armée; mais il oubliait, en disant cela, que cette organisation avait été faite entièrement d'après ses propres instructions (1).

Rétrogradons de quelques jours et revenons à la marche du 7e corps. On se souvient que le roi de

(1) Voir au livre Ier, pages 14, 15 et 16.

Westphalie, espérant toujours atteindre Bagration et le combattre dès qu'il aurait pu être en communication avec le prince d'Eckmühl, avait prescrit à Reynier de marcher parallèlement à lui par la droite, de manière à être toujours à portée de recevoir des ordres et d'arriver à temps sur le terrain, en cas de bataille. Il avait cru agir d'autant mieux, que les Autrichiens, destinés primitivement à relever les Saxons, étant à l'extrême droite et sur le Bug au commencement de juillet, pouvaient couvrir Varsovie et laisser disponibles les troupes du 7ᵉ corps. Quelques jours plus tard, s'apercevant de la tendance du prince de Schwartzemberg à ne pas s'éloigner des frontières de la Pologne, il en avait pris méfiance, et avait appelé sur ce fait et sur l'inertie des Autrichiens l'attention de l'Empereur. Le 9, Jérôme rendit compte à son frère des ordres qu'il avait donnés au général Reynier et de la direction qu'il lui faisait suivre. Napoléon écrivit le 11, à ce sujet, au major-général :

« Mon cousin, répondez au roi de Westphalie que vous recevez avec étonnement sa lettre du 9 juillet à... heure après midi ; que l'ordre du 30 est positif ; qu'on s'y exprime en ces termes : vous devez vous diriger sur Minsk. Le général Reynier, sans cependant perdre de vue de couvrir Varsovie, se dirigera sur Nosvij. Ceci veut dire que le premier but du général Reynier doit être de couvrir Varsovie ; le second, si l'ennemi retirait toutes ses troupes de la Wolhynie et qu'il n'y eût plus rien à craindre pour le Grand-

Duché, serait de se diriger sur Nesvij. Mais comme tous les faits tendent à prouver que l'ennemi a laissé 2 divisions dans la Wolhynie, il est donc convenable que le général Reynier ne perde pas de vue son principal but, qui est de couvrir Varsovie; arrêtez donc son mouvement à Slonim. Le prince de Schwartzemberg passera devant lui pour se porter d'abord sur Nesvij, et ensuite sur la Dwina. Que le général Reynier envoie des partis sur Pinsk et se place en échelon de manière à tomber sur les flancs de tout ce qui voudrait déboucher sur Varsovie. Dans cette position il rétrogradera sur Varsovie si ce pays est menacé; mais tant que l'ennemi le saura sur les débouchés de Pinsk et ayant des corps prêts à tomber sur ses flancs, et que d'ailleurs il aura à craindre notre entrée en Wolhynie, il sera hors de mesure de se porter sur le territoire de Varsovie, et s'il le faisait, ce ne serait pas impunément. Le général Reynier doit aussi renvoyer à Praga (faubourg de Varsovie) le régiment qui était destiné pour la garnison de cette place et qui en a été mal à propos ôté. — La position du général Reynier sur les derrières est donc utile. — Sa Majesté n'est pas surprise que vous ne compreniez pas que des instructions données à 100 lieues de distance ont des buts opposés que les événements doivent éclaircir; mais ce dont elle se plaint, c'est qu'au lieu d'étudier ces instructions, vous n'en teniez aucun compte. Pour couvrir le duché de Varsovie, il n'est pas du tout nécessaire d'être sur le Bug, et si cela était, le premier but du général Reynier étant de couvrir le Duché, il aurait dû laisser des troupes sur le Bug, apprenant que l'ennemi avait laissé 2 divisions en Wolhynie. Mais comme vous n'étiez pas informé de ce que Bagration avait laissé en Wolhynie, que vous ignoriez combien de divisions il avait avec lui, que vous ne vous êtes pas même mis à sa poursuite et qu'il a pu faire sa retraite aussi tranquillement que s'il n'avait personne derrière lui ; tout cela étant à rebours des usages de la guerre, il n'est pas extraordinaire que tout soit de même. Le général Reynier, selon ce que l'ennemi aura laissé en Wolhynie, est donc le maître soit de retourner à Brezecz, soit de rester à Slonim en envoyant des partis sur Pinsk. Mais le principal est, jusqu'à ce que l'ennemi ait retiré ses troupes de la Wolhynie, qu'il laisse un corps d'observation à portée de couvrir Varsovie et de tomber sur tout ce qui, de la Wolhynie, menacerait le Duché et les derrières de l'armée. Donnez ordre au général Reynier d'écrire directement au major-général et d'envoyer les renseignements qu'il a. Sa Majesté juge convenable que ce soit le général Reynier qui reste en observation pour garder le Grand-Duché, et non le prince de Schwartzemberg; bien des raisons la déterminent sur cet objet. Le Roi doit faire connaître au prince de Schwartzemberg que son désir est qu'il se dirige, si Varsovie n'est imminemment menacé, sur Nesvij.

» Sur ce, etc.

» Wilna, le 11 juillet 1812. »

Conformément aux ordres de l'Empereur, Berthier s'empressa d'adresser à Jérôme des instructions dans ce sens, et le même jour il écrivit une nouvelle lettre ainsi conçue :

« Sire, le prince d'Eckmühl est arrivé le 8 à Minsk où il a pris des magasins assez considérables.

» Votre Majesté va arriver incessamment à Nesvij, il serait convenable de se porter à Ighoumen ou à Svislotsch sur la Bérézina, si l'on peut trouver une route qui de Nesvij se rende sur ces points. Sa Majesté préférerait que vous coupassiez la Bérézina entre Bobrouisk et Borisow, vous dirigeant entre Minsk et Bobrouisk. Dans ce cas, une avant-garde poursuivrait Bagration, afin de s'assurer qu'il suit toujours son mouvement rétrograde sur Bobrouisk. Les probabilités devraient porter à penser que Bagration, après avoir passé la Bérézina, prendra position entre Orcha et la Dwina.

» Le prince d'Eckmühl va se porter sur Borisow, et la Bérézina se trouvera par là passée. Il continuera son mouvement pour couper à Bagration la Dwina et arriver avant lui entre la Dwina et le Dniéper ; mais il serait désavantageux qu'il dût, seul et sans aide, lutter contre l'ennemi. Un mouvement que vous feriez de Nesvij sur votre gauche vous tiendrait lié au prince d'Eckmühl et vous mettrait à même, ou d'attaquer Bagration dans le même temps que lui, ou d'envoyer des renforts au prince d'Eckmühl. Mais le pays étant couvert de marais, il reste à savoir si de Nesvij à la Bérézina, en traversant le pays entre Minsk et Bobrouisk, les chemins sont praticables. Vous ne pourrez savoir cela que sur les lieux mêmes. De Nesvij, il faudra avoir soin d'éclairer les débouchés de Pinsk et de Mozyr.

» *P. S.* Au moment où je ferme cette lettre, j'en reçois une de Votre Majesté du 9, à onze heures du soir. Sa Majesté me charge de vous dire, Sire, que les deux divisions de Doctorof ont effectué leur mouvement sur Dunabourg; la division qui n'a pas pu percer est la 27ᵉ. Bagration est parti avec 7 divisions, donc il n'en a plus que 4. Il a deux divisions de cavalerie qui forment environ 4,000 hommes et 6,000 Cosaques. Ainsi, tout compris, on peut estimer sa force à 40,000 hommes. Votre Majesté devait savoir à Nowogrodeck quelle était la composition et la force véritable de son corps; pour le porter à 60,000 hommes d'infanterie, comme vous dites, il faudrait qu'il eût dix divisions.

» Wilna, le 11 juillet 1812. »

Les deux lettres de l'Empereur et du major-général sont curieuses par les contradictions qu'elles renferment. Ainsi, dans la première, Napoléon écrit en toutes lettres : « *Répondez au roi de Westphalie* » *que l'ordre du 30 est positif; qu'on s'y exprime* » *en ces termes : Vous devez vous diriger sur Minsk.* » *Le général Reynier, sans cependant perdre de vue de* » *couvrir Varsovie, se dirigera sur Nesvij.* »

Or, qu'avait fait Jérôme? Il avait dirigé Reynier

par Slonim sur *Nesvij*, à tel point, que le commandant du 7e corps était, à la date du 12, à une marche de Slonim à Polouka, sur la route et à deux journées de Nesvij. Puis, lorsque le roi de Westphalie s'étant aperçu que le nouveau projet de Bagration était de passer par Minsk, il écrit à son frère que lui-même va marcher sur cette ville, ce qui était bien suivre en tout point ses instructions. Que lui fait répondre l'Empereur ?

1° Le 5 juillet, d'envoyer le prince Poniatowski avec le 5e corps appuyé sur le 8e pour poursuivre Bagration l'épée dans les reins *jusqu'à Minsk*, s'il se dirige sur ce point ; et quant au général Reynier, *il peut suivre le mouvement en arrière sur la droite*, en continuant toujours d'observer les corps ennemis qui pourraient inquiéter Varsovie (1).

2° Le 6 juillet, qu'il n'est *pas question d'aller à Minsk*, ni dans tout autre point déterminé, mais de suivre vivement Bagration sur la route qu'il a prise (2).

Comment expliquer ces contradictions, ces ordres si différents, donnés à vingt-quatre heures d'intervalle ? Comprend-on davantage pourquoi l'Empereur, en prescrivant *d'arrêter le mouvement de Reynier à Slonim, et de faire passer devant le 7e corps les troupes du prince de Schwartzemberg*, pour les diriger sur Nesvij d'abord, sur la Dwina ensuite, ne dit pas pure-

(1) Lettre du major-général en date du 5 juillet (livre IV).

(2) Lettre du major-général au général Marchand, en date du 6 juillet (livre IV).

ment et simplement à son frère la cause déterminante?

Quoi qu'il en soit, et en vertu de ces nouvelles dispositions, voici ce qui arriva :

Le 7e corps reçut l'ordre de pousser sur la droite, vers Pinsk, et les Autrichiens de le relever; en conséquence, Reynier, qui s'était avancé le 12, de Slonim sur Polouka, le 13 de Polouka sur Stalovitsch, se jeta le 14 sur sa droite et prit position le 15 à Kletsk, à cheval sur la route de Pinsk à Nesvij pour observer l'armée de nouvelle organisation de Tormassof et être prêt à se jeter sur ce qui voudrait, de Pinsk, déboucher sur le flanc gauche de l'aile droite. Le 16, continuant son mouvement, il se rapprocha de la Wolhynie, et gagna Medvéditschi; le 17 il vint à Lipsk, tandis que le prince de Schwartzemberg s'élevait vers le nord.

Pendant ce temps, le roi de Westphalie continuait sa marche sur Nesvij avec les 5e et 8e corps et le 4e de cavalerie, pressant toujours le mouvement du 7e corps, ainsi que le prouvent les dépêches suivantes de Marchand à Reynier :

« Monsieur le général, le Roi sera avec le 5e corps demain 11 à Korelitzci, et le 13 avec les 5e et 8e à Mir.

» Toute la cavalerie poursuit l'ennemi. Hier un engagement a eu lieu pour entrer à Mir. Les 3e et 16e de lanciers se sont bien battus contre les huit régiments de Platof.

» Les Autrichiens ont reçu ordre de se porter sur Nesvij. Quand arriverez-vous?

» Nowogrodek, 10 juillet 1812. »

« Monsieur le général, je n'ai reçu qu'aujourd'hui votre lettre du 10. Le Roi ira s'établir aujourd'hui à Mir, où il attendra l'arrivée du 8e corps qui ne pourra y être arrivé que demain.

» Il paraît que le prince Bagration s'est arrêté avec toute son armée à Nesvij, et l'intention du Roi n'est pas de l'attaquer avant d'avoir réuni toutes ses forces; ainsi, il est bien intéressant que vous pressiez votre marche pour arriver promptement à Polouka, et communiquer de suite avec Mir.

» Vous sentez combien il est important de forcer votre marche. Il doit y avoir 1,500 Cosaques à Polouka, mais je pense que vous ne les trouverez plus.

» Korelitzci, 12 juillet 1812. »

« Monsieur le général, le Roi vient d'arriver à Nesvij que l'ennemi a abandonné hier à dix heures du soir. Ainsi, dirigez de suite votre corps d'armée sur cette ville au lieu d'aller à Polouka. Il serait possible que le Roi passât ici la journée de demain, et Sa Majesté serait bien aise de vous y voir.

» Nous avons eu une affaire de cavalerie assez sérieuse entre Mir et Nesvij. Nous y avons éprouvé une perte assez considérable.

» Le prince d'Eckmühl a communiqué avec nous.

Le 11, il avait déjà 14,000 hommes à Ighoumen, et allait droit sur Bobrouisk. Il me semble que le prince Bagration aura bien de la peine à y arriver avant lui.

» Faites-moi le plaisir de me faire savoir de suite si le Roi peut compter de vous voir demain, vers les deux ou trois heures de l'après-midi, de votre personne seulement.

» Nesvij, le 13 juillet 1812. »

Une fois à Nesvij, le roi Jérôme s'empressa de faire connaître au prince d'Eckmühl qu'il était prêt à unir ses efforts aux siens pour contraindre Bagration à accepter la bataille et pour l'écraser avec leurs forces réunies. Un aide de camp du Roi partit avec une lettre pour Davout. Ce dernier, au lieu de répondre à cette ouverture avec les égards dus au roi de Westphalie, envoya un officier porteur d'un ordre secret de l'Empereur, en date du 6 juillet, ordre dont nous avons parlé dans le livre précédent, et que voici en entier :

Ordre de par l'Empereur.

« Sa Majesté ordonne qu'en cas de réunion des 5e, 7e et 8e corps, et du 4e des réserves de cavalerie avec le corps commandé par le maréchal prince d'Eckmühl, le commandement général soit déféré au prince d'Eckmühl, comme le plus ancien général.

» En conséquence, l'Empereur ordonne à Sa Majesté le roi de Westphalie de reconnaître M. le prince d'Eckmühl comme commandant supérieur, tant que les corps d'armée seront réunis. Il est ordonné au général Marchand, chef d'état-major, au général Latour-Maubourg, au prince Poniatowski, au général Reynier et au général Tharreau, de se conformer aux dispositions ci-dessus. Il est également ordonné aux généraux de division et de brigade, et aux officiers et soldats des 5e, 7e et 8e corps d'armée et du 4e corps des réserves de cavalerie, d'obéir et de se conformer aux ordres qui leur seront donnés par le prince d'Eckmühl.

» Wilna, le 6 juillet 1812. »

Le prince d'Eckmühl ajouta à l'envoi de cet ordre secret une lettre très peu convenable, dans laquelle il disait au roi de Westphalie que l'Empereur, étant mécontent de sa manière d'agir et lui ayant donné le commandement en chef de l'aile droite, il allait prendre ce commandement.

C'était outre-passer les intentions et fort mal interpréter la pensée de l'Empereur, puisque l'ordre portait : *En cas de réunion*, et que le commandement n'était déféré *alors* au prince d'Eckmühl qu'en vertu de son titre de *plus ancien général*. Il n'était donc nullement question du mécontentement de Napoléon dans cette circonstance, et les troupes de l'aile droite, loin d'être réunies à celles de Davout, étant encore séparées par un intervalle assez considérable, cet ordre secret ne devait pas recevoir encore son exécution.

Jérôme, à cause de sa position de frère de l'Empereur, de Roi, de lieutenant de Napoléon et de commandant en chef, non pas seulement d'un corps d'armée, mais d'une des trois grandes fractions de la Grande Armée française, fut blessé de cette façon plus que cavalière de répondre à une lettre polie et affectueuse, et de reconnaître la démarche toute de convenance qu'il avait faite le premier en écrivant à Davout et en lui envoyant un de ses aides de camp. Il répondit au prince d'Eckmühl qu'il croyait l'Empereur trompé par de faux rapports ; qu'il avait toujours rempli les intentions de son frère, puisque Bagration n'avait pu, malgré tous ses efforts, se réunir à l'armée russe de Barclay de Tolly ; que le moment présent était décisif, et que, malgré les termes formels de l'ordre secret de l'Empereur donnant le commandement au maréchal, dans le cas seulement de réunion de la droite avec le 1er corps, lui, roi de Westphalie, était tout prêt à faire le sacrifice de son amour-propre, dans l'intérêt du bien des affaires ; qu'en conséquence, il lui laissait le choix entre trois partis : ou donner la bataille aux Russes en adoptant le plan arrêté par lui, et alors il lui laisserait le commandement en chef, se bornant à commander sous ses ordres ses propres troupes ; ou donner la bataille en adoptant tel plan qu'il voudra, et alors, lui Jérôme, servirait comme simple volontaire ; ou enfin lui laisser les troupes de l'aile droite, et se tenir à l'écart avec ses gardes du corps.

Le prince d'Eckmühl, persévérant dans sa première résolution, et satisfait de trouver l'occasion de faire quelque chose de désagréable au roi de Westphalie, lui écrivit : Qu'il ne pouvait discuter les ordres de l'Empereur, et qu'il réclamait le commandement de toute l'aile droite comme lui appartenant. Jérôme, en recevant cette seconde dépêche, plus inconvenante encore que la première, pensa qu'il était une limite à l'abnégation ; que sa dignité ne lui permettait pas de sacrifier davantage aux exigences singulières de Davout, et pensant que son départ de l'armée, aplanissant les difficultés, ne nuirait pas aux opérations, il se décida à se retirer, n'emmenant que ses propres gardes du corps.

Ces discussions, ces pourparlers, cet échange de lettres entre Jérôme et Davout avaient malheureusement fait perdre près de trois jours, pendant lesquels Bagration continuait sa retraite, assez mollement poursuivi. Le 16 juillet, Jérôme, décidé à en finir avec le prince d'Eckmühl, prévint l'Empereur de ce qui venait de se passer, et quittant son armée de son propre mouvement, après en avoir informé Davout, il se mit en route pour la capitale de ses États, en rétrogradant par Mir et Korelitzci. Le général Marchand resta chargé provisoirement des détails du service.

Le jour même où il se retirait, le roi de Westphalie reçut encore les deux lettres ci-dessous :

« Mon frère, je reçois votre lettre par laquelle vous me faites connaître que Bagration a 60,000 hommes et que Tormassof le rejoint avec 60,000, ce qui ferait 120,000 hommes. Cela est fort exagéré. Si au lieu de cela, vous me faisiez connaître le nombre des divisions qu'a Bagration, on pourrait évaluer au juste toutes ces exagérations; mais vous ne prenez pas la peine de vous informer du principal.

» Selon toutes les probabilités, — je dis probabilités, car vous ne m'avez donné aucun renseignement positif, et que le point où vous êtes est le seul où je ne connaisse pas les forces de l'ennemi, parce que je ne puis les connaître que par vous, — Bagration a la division de grenadiers de Mecklembourg et deux autres divisions d'infanterie. Tormassof ou Kamensky lui en a ramené deux, la 9e et la 15e. Ce serait donc cinq divisions d'infanterie, qui forment 30,000 hommes. Il a avec lui Platof, qui a 6,000 Cosaques, deux divisions de cavalerie, et une troisième qui lui a été amenée par Tormassof ou Kamensky; ce qui fait 6,000 hommes de cavalerie, et avec les Cosaques, 12,000 chevaux. Il aurait donc en tout 42,000 hommes d'infanterie et de cavalerie. Avec l'artillerie et le génie, cela peut faire une armée de 50,000 hommes. La division d'infanterie est de six régiments, le régiment n'a que deux bataillons, et en général les bataillons ne sont que de 500 hommes.

» Wilna, le 15 juillet 1812. »

A Sa Majesté le Roi de Westphalie.

« Sire, l'Empereur me charge de faire connaître à Votre Majesté qu'il est nécessaire qu'elle laisse des forces à Nesvij, afin de surveiller ce que fait l'ennemi du côté de Pinsk, jusqu'à ce que le prince de Schwartzenberg y soit arrivé avec son corps d'armée. Je mande au prince de Schwartzemberg de presser son mouvement pour arriver le plus tôt possible dans cette position.

» Wilna, le 16 juillet 1812. »

L'Empereur fut fort étonné lorsqu'il apprit le départ de son frère et l'inqualifiable conduite du prince d'Eckmühl. Très courroucé, il commença à s'apercevoir qu'il pouvait bien avoir été trompé par des rapports peu bienveillants, pour ne pas dire plus. Voyant en résumé que le roi de Westphalie avait rempli ses intentions, puisque, malgré les difficultés de sa marche de Grodno à Mir, il avait toujours empêché Bagration de percer, et avait tenu l'ennemi en respect jusqu'à l'arrivée de Davout, il regretta les lettres dures et violentes qu'il avait écrites ou fait écrire à Jérôme, et il s'empressa de donner des ordres pour qu'un officier intelligent courût après le Roi de Westphalie. Cet officier était porteur d'une lettre (1) par laquelle Napoléon demandait avec instance à son frère de reprendre le commandement de son armée.

« Mon cousin, il est indispensable d'envoyer un officier de confiance sur la droite : il se rendra d'abord à Minsk, et de là auprès du prince Poniatowski. Si le

(1) Nous avons fait de vains efforts pour retrouver cette lettre de l'Empereur, perdue avec une partie des papiers du roi Jérôme, brûlés dans l'incendie du palais de Cassel ; mais la preuve qu'elle a été envoyée découle de la dépêche portée par le capitaine Waleski et de celles adressées à Berthier, à la date du 20 juillet, lettres que nous citons textuellement.

Roi de Westphalie est revenu, il lui portera des instructions; si le Roi a continué sa pointe, il portera des ordres au prince Poniatowski pour commander la droite, et des instructions. Le général Marchand continuera à être chef d'état-major de la droite. Les instructions du prince Poniatowski et du Roi seront de tenir le général Reynier à Nesvij, afin qu'il puisse appuyer sur Pinsk et marcher au secours du Grand-Duché, jusqu'au moment où les opérations seront tellement avancées, que les troupes russes auront repassé le Borysthène. Le général Reynier formera à Nesvij un corps d'observation. Le prince Poniatowski, avec les 5e et 8e corps, et le 4e corps de cavalerie, doit se lier avec le prince d'Eckmühl par sa gauche, et cependant harceler Bagration et le suivre. Dans l'éloignement où il se trouve, il doit agir selon les circonstances, et avoir pour but d'empêcher Bagration de faire du mal et de tomber sur le prince d'Eckmühl.

»Vous enverrez un officier au prince de Schwartzemberg, qui doit être aujourd'hui à Nesvij, pour qu'il appuie, en cas d'événement, le prince Poniatowski, et pour que, s'il n'y a là aucun danger, il se porte sur Minsk, pour qu'il fasse connaître quand il y arrivera, afin que je lui envoie des ordres, et pour qu'il forme des colonnes mobiles pour arrêter les traîneurs et les maraudeurs, de quelque nation qu'ils soient. Vous lui ferez connaître que l'ennemi a évacué son camp retranché de Drissa, où il avait fait de grands travaux et formé des magasins qu'il a détruits; que nous sommes à Drissa, à Orcha, à Mohilew, et qu'on marche sur Witepsk. Sur ce, etc.

» Ghloublokoé, le 20 juillet 1812. »

« Sire, l'Empereur m'ordonne de faire connaître à Votre Majesté que son intention est qu'elle tienne le général Reynier à Neswij, afin qu'il puisse appuyer sur Pinsk et marcher au secours du Grand-Duché jusqu'au moment où les opérations seront tellement avancées que les troupes russes auront repassé le Borysthène : le général Reynier formera à Neswij un corps d'observation.

» Quant à vous, Sire, vous devez, avec les 5e et 8e corps d'armée, et avec le 4e corps de réserve de cavalerie, vous lier avec le prince d'Eckmühl par votre gauche et cependant harceler Bagration et le suivre ; dans l'éloignement où se trouve Votre Majesté, elle doit agir selon les circonstances et avoir pour but d'empêcher Bagration de faire du mal et de tomber sur le prince d'Eckmühl.

» Je donne l'ordre au prince de Schwartzemberg, qui doit être aujourd'hui à Neswij, de vous appuyer en cas d'événement et, s'il n'y a là aucun danger, de se porter sur Minsk.

» Le prince de Neuchâtel, major-général.

» Ghloublokoé, le 20 juillet 1812. »

Le 18, le major-général écrivit par ordre de l'Empereur au prince d'Eckmühl :

« *Écrivez lettre sur lettre au roi de Westphalie*, ou, en cas qu'il soit parti, au prince Poniatowski pour qu'ils s'approchent de vous.

» J'ai mandé au roi de Westphalie de réitérer l'ordre que j'ai donné que le général Reynier restât à Neswij jusqu'à ce que le prince de Schwartzemberg y soit arrivé.

» Ghloubloköé, le 18 juillet 1812. »

Le même jour, il lui adressa les instructions suivantes, qui semblent prouver que l'Empereur n'était pas sans inquiétude relativement aux mouvements de Davout :

« Le major général, au nom de l'Empereur, au prince d'Eckmühl.

» L'Empereur, monsieur le duc, a reçu votre lettre du 16 à 7 heures du soir. Sa Majesté suppose qu'avant de vous être engagé sur Mohilew, vous vous serez assuré que le 5e corps s'est dirigé sur Ighoumen afin de couvrir votre droite et surtout Minsk. Sa Majesté, qui connaît votre prudence, n'a aucune inquiétude sur ce que vous ferez : toutefois marchez avec précaution et avec sagesse. Formez un dépôt d'infanterie et de cavalerie pour vos hommes et vos chevaux écloppés à Minsk et pour le général Grouchy. Marchez de manière à pouvoir vous réunir. Le secours du général Grouchy n'est pas à dédaigner. »

Deux jours après, Napoléon, tout en écrivant à son frère pour le presser de reprendre son commandement, faisait témoigner son mécontentement à Davout et mandait à Berthier :

« Mon cousin, écrivez au prince d'Eckmühl que je ne puis pas être satisfait de la conduite qu'il a tenue envers le roi de Westphalie ; que je ne lui avais donné le commandement que dans le cas où la réunion ayant eu lieu et les deux armées étant sur le champ de bataille, un commandant eût été nécessaire ; qu'au lieu de cela, il a fait connaître cet ordre avant que la réunion fût opérée, et lorsqu'à peine il communiquait par quelques postes ; qu'après avoir fait cela, et après avoir appris que le roi de Westphalie s'était retiré, il devait conserver la direction et envoyer des ordres au prince Poniatowski ; que je ne sais plus aujourd'hui comment va ma droite ; que je lui avais donné une preuve de la grande confiance que j'ai en lui, et qu'il me semble qu'il ne s'en est pas tiré convenablement ; que puisqu'il avait pris le commandement, il devait le garder ; mais qu'il eût mieux fait de ne pas le prendre, puisqu'il n'était pas réuni au Roi ; qu'à présent que je suis très éloigné, j'ignore ce qui se passe sur ma droite, que mes affaires en souffrent ; tandis que s'il avait écrit au prince Poniatowski que le roi ayant quitté le commandement, il lui donnait une direction, mes affaires n'auraient pas souffert. Sur ce, etc.

» Ghloublokoé, le 20 juillet 1812. »

Jérôme se trouvait à quatre marches en arrière de Nesvij, lorsqu'il reçut la lettre par laquelle son frère le priait de revenir à son armée. Il hésita et fut sur le point de rejoindre ses troupes; puis il réfléchit que depuis son départ la bataille avait été sans nul doute livrée aux Russes, qu'il arriverait après le combat, lorsque le danger serait passé; il continua sa route vers Cassel.

Ce qu'il y eut encore de plus fâcheux, à la suite de ces démêlés entre Jérôme et Davout, c'est que ce dernier, comme effrayé, en apprenant le départ du Roi, de sa propre conduite et du résultat qu'elle venait d'avoir, sembla ne pas oser disposer du commandement en chef qu'il avait exigé si impérieusement et qu'on lui abandonnait si complétement.

Dans les instructions qu'il envoya et qui sont indiquées dans une lettre ci-dessous au général Reynier, on ne retrouve pas l'énergique conduite habituelle de Davout (1).

(1) Voici cette lettre du prince d'Eckmühl au commandant du 7e corps :

« Monsieur le général, je reçois à l'instant une lettre de Sa Majesté le roi de Westphalie, qui m'annonce avoir quitté le commandement de l'aile droite. Je me trouve autorisé à donner des ordres aux différents corps qui la composent, par les ordres de l'Empereur qui ont dû vous être communiqués par Sa Majesté le roi de Westphalie.

» Je dirige le 8e corps commandé par le général Tharreau sur Borisow par Minsk, le 5e corps que commande le prince Poniatowski sur Mohilew par Ighoumen et Lapitchsie.

» Pour ce qui vous concerne, monsieur le général, il me sera suffisant de vous communiquer l'extrait d'une lettre du major-général au roi de Westphalie, que Sa Majesté m'a communiquée avant

Il ne donna aucun ordre pour presser Bagration, ne prit aucune disposition pour lui livrer bataille, et laissa le général russe se retirer sur Bobrouisk, plutôt observé que poursuivi par la cavalerie de Latour-Maubourg. Le 14, cependant, le 1er régiment de chasseurs polonais formant la tête de colonne du 4e corps, ayant pu joindre l'extrême arrière-garde de Platof, se lança contre une masse de Cosaques qui lui firent éprouver des pertes considérables.

Comme à Mir, Latour-Maubourg arriva à temps avec une division pour rallier les débris de ce régiment, rétablir le combat et forcer l'hetman à repasser précipitamment le pont de Romanow. Les Russes bordèrent le ruisseau marécageux de Morvez, et bien établis dans une bonne position, ils firent échouer les efforts de la cavalerie française.

Cette affaire est assez peu importante, par elle-

son départ : les opérations dont vous êtes chargé y sont trop bien expliquées pour qu'il soit nécessaire d'y ajouter aucune explication. J'invite le prince Poniatowski à se mettre en communication avec vous par des partis. Vous pourrez m'envoyer les rapports sur vos opérations, soit par ce moyen, soit par des officiers que vous m'enverrez, et adresser, ainsi que cela est dit dans la lettre du major-général, des rapports à Son Altesse Sérénissime.

» Je serai demain à Mohilew.

» Recevez, etc.

» *Le maréchal duc d'Auerstaedt,*
» Prince d'ECKMUHL.

» Esmoui, le 19 juillet 1812. »
(4 heures après midi.)

même, mais elle indique un flottement dans le commandement, suite de la mésintelligence survenue entre les deux officiers généraux dont le premier devoir était de s'entendre et de réunir leurs efforts dans un but commun. Le général Latour-Maubourg écrivit au roi de Westphalie à la suite de ce combat de Romanow :

« Sire, j'ai eu l'honneur d'adresser, cette nuit, à Votre Majesté mes deux rapports, celui du matin n'ayant pu partir à cause des circonstances dont j'ai eu l'honneur de rendre compte à Votre Majesté. J'attends le rapport de l'affaire que le 1er régiment de chasseurs a eue hier; ce rapport m'est annoncé ainsi que celui de l'affaire de la division Roznietzki, le 10, et que je n'ai pu avoir jusqu'à présent.

» L'ennemi est toujours derrière le pont de Romanow avec de l'infanterie et douze pièces de canon.

» D'après le rapport de quelques paysans revenus de Sloutsk, il paraît que le corps de Bagration est entre Romanow et Sloutsk et qu'il attend l'arrivée d'un corps de la Moldavie qu'on dit n'être pas éloigné.

» D'un autre côté, l'incendie du pont de Romanow annonce que l'ennemi fait une retraite; il est probable qu'il attend l'arrivée du corps qui vient de la Wolhynie, ou que ses gros bagages soient en arrière et en sûreté.

» On m'assure que l'on peut se porter d'ici à Sloutsk par Kopouïlé et Ghresk sans passer la rivière près de laquelle se trouve Romanow. Ce chemin serait de six milles environ.

» J'ai donné l'ordre à la division Kamienski de se mettre à la poursuite de l'ennemi au moment où il s'apercevra que l'ennemi a quitté le pont de Romanow. Au moment où l'ennemi mettait le feu à ce pont, ses Cosaques passaient la rivière à la nage ou à gué à une portée de canon du pont.

» Je suis, Sire, etc.,

» Timkovischi, le 15 juillet 1812. »

Le départ de Jérôme, dès qu'il avait été connu à l'aile droite, causa parmi ses troupes, et principalement dans le 8e corps, une profonde consternation. Les Westphaliens aimaient beaucoup leur jeune roi. Brave, généreux, prodigue même, son caractère plein d'aménité était fait pour plaire. Dans cette guerre désastreuse du reste, les Westphaliens eurent bien raison de regretter l'absence de leur souverain, car le malheureux 8e corps n'eût certainement pas été éprouvé aussi cruellement, et sacrifié comme il l'a été, si Jérôme eût encore été à sa tête.

Voici une lettre adressée par un des généraux de division, le baron D'Ochs, au comte de Furstenstein, ministre à Cassel, et qui prouve combien on fut triste à l'armée en apprenant que le Roi abandonnait volontairement le commandement de l'aile droite :

« Monseigneur, le départ de Sa Majesté nous a sensiblement frappés. Jamais une marche n'a été plus silencieuse que celle du 16 juillet. Personne n'osait se demander si le bruit du départ du Roi était réel ou controuvé. Lorsqu'il se fut confirmé à la fin de la journée, il régna une espèce de consternation dans toute la troupe, consternation dont il n'est pas difficile de se former une idée quand on connaît l'amour et l'attachement que porte l'armée à son souverain si bien aimé. Nous sommes, depuis, un peu revenus de cet état de tristesse, et nous nous efforçons d'en prévenir les suites, par la pensée que Sa Majesté daignera toujours, quoique absente, nous honorer de sa protection et de ses bontés.

» Au camp près Ighoumen, le 20 juillet 1812. »

Qu'on nous permette maintenant quelques réflexions sur ce départ jugé si sévèrement par la plupart des auteurs militaires.

Nous avons expliqué au commencement de cet ouvrage les motifs qui avaient porté l'Empereur à confier à des princes de sa famille, fort jeunes encore, de grands commandements, et à les nommer ses lieutenants. Il avait été poussé à agir ainsi par la nécessité d'avoir sous la main des hommes dévoués à sa politique, sur lesquels il pût compter en toute circonstance, et pour qui la guerre n'était pas encore sans attraits, comme pour beaucoup de ses autres généraux. Mais en élevant ainsi des jeunes gens qui n'avaient pas pour cette immense faveur les titres de quelques uns des maréchaux, de ceux surtout qui avaient gagné tous leurs grades sur les champs de bataille, depuis 1793, il excitait naturellement la jalousie des compagnons de sa gloire. L'un des plus braves, des plus habiles et sans contredit des plus méritants, était bien le vainqueur d'Auerstaedt, le maréchal Davout. Ce dernier ne vit pas sans un vif mouvement de convoitise le magnifique rôle que l'Empereur assignait à son frère, au commencement de la campagne de 1812. Il espérait être investi de ce commandement. Se trouvant réduit à faire la guerre à la tête d'un simple corps d'armée, lui qui en 1809 avait été le chef de 50,000 hommes des meilleures et des plus vieilles troupes du monde, il trouva dur de voir, à sa droite, un jeune prince, qui non seulement avait franchi, à la suite de la campagne de Silésie, les marches d'un trône, mais qui, à sa couronne de roi, ajoutait encore l'épée de commandement de quatre corps formant un total de près de 80,000 hommes.

Davout fut d'autant plus peiné et piqué de cette préférence de l'Empereur, et de ce qu'il considérait comme un déni de justice, que le roi de Westphalie, par suite d'une circonstance particulière et de famille que nous croyons inutile de rapporter, était en hostilité avec lui. On comprend donc et la cause des rapports qui arrivèrent à l'Empereur sur l'aile droite, et la joie que ressentit le prince d'Eckmühl, lorsqu'il reçut les instructions secrètes qui mettaient Jérôme sous ses ordres, et enfin combien il avait hâte de voir se réaliser ce rêve qu'il avait si longtemps caressé.

Voilà qui doit expliquer bien des choses. La démarche inconvenante de Davout après la démarche pleine de convenance de Jérôme, à qui le major-général avait adressé le 6 juillet, en même temps qu'au prince d'Eckmühl, le fameux ordre secret de l'Empereur ; la réponse du Roi ; l'insistance déplacée du maréchal, et enfin la résolution raisonnée du commandant de l'aile droite de quitter l'armée plutôt que de se soumettre aux exigences exagérées du prince d'Eckmühl.

Nous sommes loin de vouloir absoudre complétement le Roi de Westphalie et de dire qu'il eut raison en agissant comme il le fit ; mais nous croyons que les plus grands torts ne peuvent lui être attribués. Napoléon, très au courant du dissentiment qui existait entre son frère et Davout, ou ne devait pas mettre le premier sous les ordres du second, après lui avoir donné une supériorité si considérable, ou s'il ne croyait pas Jérôme en état de commander 80,000 hommes, soit à cause de son âge, soit pour tout autre motif, devait s'abstenir d'en faire un de ses lieutenants. Du reste, la meilleure preuve qu'il ne pensait pas ainsi, et que lorsqu'il confiait une armée tout entière à des membres de sa famille, il le faisait avec connaissance de cause, c'est qu'il sut toujours fort bien refuser des commandements, même secondaires, aux princes qu'il en crut incapables, et qu'il ne s'avisa jamais de mettre des corps d'armée sous les ordres de ses autres frères. Il leur donnait des couronnes, mais il ne leur donnait pas de troupes à diriger; Jérôme fut le seul qui eut des commandements *réels* devant l'ennemi, et c'est la grande cause du faible que l'Empereur eut toujours pour ce jeune prince.

Davout fut coupable dans cette circonstance; car au lieu d'imiter l'exemple d'abnégation que lui donnait Jérôme et de faire violence à son ressentiment personnel pour ne songer qu'au bien de la France, à la gloire de l'armée; au lieu d'adopter ce que lui proposait le Roi et de combattre Bagration, il perdit trois jours à échanger des dépêches plus inconvenantes les unes que les autres, et pendant ce temps le général russe put gagner du terrain. C'est à cette fâcheuse circonstance, et non au séjour de Jérôme à Grodno et à la marche de ce prince sur Nowogrodek, aussi bien qu'à l'activité et aux talents du général russe, qu'on doit raisonnablement attribuer le salut de la deuxième armée ennemie.

En arrivant le 22 à Bielitza, le roi de Westphalie trouva des dépêches importantes lui donnant des nouvelles fâcheuses du Grand-Duché. L'archevêque de Malines lui envoyait un rapport du ministre de la guerre de Varsovie, d'où il résultait que l'ennemi venait de se montrer en force sur le Bug, et commençait à menacer sérieusement les provinces situées sur les bords de la Vistule.

Jérôme fut alors sur le point d'arrêter sa marche sur Cassel, et de se mettre à la tête des corps de Reynier et de Schwartzenberg, occupés, en ce moment même, à faire le mouvement qui devait porter le premier sur le Bug, le second vers Minsk. Toutefois, voulant s'assurer d'abord que la nouvelle de l'entrée des Russes dans le Grand-Duché était bien réelle, n'était pas exagérée, et qu'on n'avait pas pris quelques partis de Cosaques pour une armée ennemie, il écrivit au général Reynier :

« Monsieur le général Reynier, je vous envoie la copie d'une lettre et d'un rapport que je reçois de Varsovie. Je désire savoir quand vous pourrez être rendu à Praga, car je suppose et je pense que vous vous y portez à marches forcées si vous avez connaissance des mouvements de l'ennemi.

» Je n'ai point de troupes avec moi, mais je serai de ma personne dans quatre jours à Varsovie.

» Je présume également que vous avez donné connaissance au prince de Schwartzemberg de la lettre de l'ambassadeur ; je désirerais bien savoir s'il suivra, comme je le suppose, votre mouvement.

» Je ne crois pas, à moins que ce ne soit un corps très considérable, que l'ennemi veuille faire autre chose qu'une incursion dans le Duché, et qu'il ose s'aventurer jusqu'à Varsovie.

» *J'attends votre réponse. Je serai demain au soir à Grodno, et après-demain à Bialystock.*

» Cette lettre n'étant à d'autre fin, je prie Dieu qu'il vous ait, monsieur le général Reynier, en sa sainte et digne garde.

» Bielitza, le 22 juillet 1812. »
(7 heures du soir.)

Reynier répondit au roi, le surlendemain :

« Sire, le prince de Schwartzemberg a reçu hier, lorsque nous étions ensemble, et m'a communiqué des lettres de Varsovie, pareilles à celles que Votre Majesté a reçues ; mais, en même temps, un officier venant de Lemberg lui a apporté des lettres du général commandant à Zamosc, du 18, qui lui annonce que 5 à 600 hommes, Cosaques et infanterie légère russe, ont passé le Bug à Dubienko, et font, avec beaucoup de précautions, des reconnaissances ou des courses de pillage dans le pays. Il ne paraît pas croire que cette troupe soit l'avant-garde d'un corps destiné à une invasion dans le Grand-Duché. L'officier, en allant de Zamosc à Lublin, s'est détourné de la route, parce qu'on lui a dit que les Cosaques occupaient Krasnostaw ; mais il a appris que ce n'étaient que deux Cosaques qui étaient venus à l'entrée de la ville. Le prince de Schwartzemberg croit que c'est une fausse alerte qu'on a eue à Varsovie, que nous ne pouvons pas empêcher des courses de Cosaques sur la frontière que nous ne gardons pas, et que Varsovie n'est pas menacé. Ainsi, il compte continuer son mouvement sur Nesvij, après avoir séjourné aujourd'hui à Slonim. Je l'ai cependant engagé à faire séjourner davantage la colonne qui passe par Pinsk, et il a envoyé l'ordre au général Frimont de faire de grandes démonstrations de marche sur la route de Pinsk à Loutsk, afin de menacer ainsi le corps qui est en Wolhynie de marcher sur ses derrières. Il doit faire attaquer aujourd'hui les postes ennemis. J'ai des troupes en marche pour le remplacer lorsqu'il partira, et tâcher de continuer l'attitude offensive sur les routes qui mènent de Pinsk et Kobrin en Wolhynie; mais Votre Majesté sait que j'ai bien peu de troupes, et particulièrement de cavalerie, pour m'étendre autant et empêcher l'ennemi de faire des incursions dans le Grand-Duché. Je pense conserver l'attitude menaçante pendant quelques jours, tant que les ennemis ne connaîtront pas le peu de forces que j'ai; mais ils sont plus forts que moi, et le général Tormassof était encore, il y a quelques jours, à Loutsk. Tous les rapports s'accordent à annoncer qu'on évacue sur Kiew les magasins de la Wolhynie, et qu'une partie des troupes doit prendre cette direction.

» Je vais voir, d'après les rapports que je recevrai du Grand-Duché et de la Wolhynie, si je dois continuer à me placer sur les débouchés de la Wolhynie ou à me rapprocher de Varsovie. Si à Varsovie on a su réunir et tirer parti des dépôts de l'infanterie et de la cavalerie polonaises, qui sont dispersés dans le Grand-Duché et qui reçoivent des recrues, on aura pu former des garnisons pour Praga et Modlin. »

Cette lettre du général Reynier, chargé de veiller à la sûreté du Grand-Duché avec le 7e corps, étant très rassurante, le roi de Westphalie abandonna son idée de réunir les Saxons et les Autrichiens, et de se mettre à leur tête pour défendre les pays menacés; il continua à se retirer vers Cassel.

La sécurité de Reynier ne fut pas de longue durée;

car bientôt les mouvements de l'armée rassemblée en Wolhynie par Tormassof furent assez prononcés et assez menaçants pour déterminer le prince de Schwartzenberg à arrêter de sa propre autorité sa marche et pour venir réunir ses forces à celles du 7e corps. L'Empereur approuva cette résolution, et donna au général autrichien le commandement supérieur dans cette partie du théâtre des opérations.

LIVRE SIXIÈME.

Précis historique de la marche du 8e corps de la Grande Armée (Westphaliens) après le départ du roi Jérôme. — Il passe sous les ordres du duc d'Abrantès. — Est dirigé sur la grande route de Smolensk à Moscou. — Franchit le Dniéper, à Borizow. — Prend part à la bataille de la Moskowa. — S'arrête à Mojaïsk. — Est chargé d'assurer les communications. — Il reste à Mojaïsk depuis le 12 septembre jusqu'au 28 octobre. — Opère sa retraite avec les autres corps de la grande armée. — Est réduit à quelques centaines d'hommes à son arrivée à Bohr, et formé en un seul bataillon. — Mission du baron de Baudenhausen. — Passage de la Bérésina. — Lettre du roi de Westphalie au major-général, le 28 décembre.

Lorsque le roi de Westphalie eut quitté la Grande Armée avec ses gardes du corps, pour retourner dans ses États, ses troupes, qui formaient le 8e corps, et la brigade de cuirassiers faisant partie du corps de Latour-Maubourg, passèrent sous les ordres supérieurs du prince d'Eckmühl, tout en continuant à être commandées par le général de division Tharreau.

Destiné par Davout à couper la Bérésina à Borizow, ce corps fut dirigé de Nesvij sur ce point. Le 17 juillet, il se mit en marche, fit six lieues, et vint coucher à Ouzda, sur la route de Nesvij à Minsk. Le 18, il atteignit Douditschi, six lieues plus loin ; le 19, Doukora, sur la Plitsch ; le 20, il fit quatre lieues ; le 21, laissant Ighoumen à droite, Minsk à gauche, il arriva à Driatschkow, en passant par Smélovitschi ; le 23, il occupa Borizow. Là, il reçut l'ordre de prolonger son mouvement sur Orcha pour gagner le Dniéper ; il traversa Kroupki, Tolotschin, Kokhanow, et s'établit à Orcha le 27. La marche des Westphaliens avait été rapide et fatigante ; l'indiscipline, résultat de la maraude, suite du manque de distributions régulières, avait d'abord menacé le 8e corps de désorganisation, mais les mesures sévères de Davout, la surveillance des chefs et la possibilité de faire faire depuis Borizow des distributions, avaient en partie rétabli le bon ordre parmi ces troupes. A Orcha, elles trouvèrent des magasins considérables, surtout en avoine et en blé, en sorte que les hommes et les chevaux purent se refaire.

Tout ce qu'avaient prescrit les généraux n'avait pas empêché un grand nombre de traînards et de maraudeurs de rester en arrière. La dyssenterie était venue causer quelques ravages dans les rangs, aussi il y avait déjà une diminution assez sensible dans l'effectif.

Tant que l'armée de Bagration n'eut pas réussi à rallier celle de Barclay de Tolly, les Westphaliens restèrent sur la rive droite du Dniéper. Du 27 juillet au 12 août, ils occupèrent Orcha et des cantonnements voisins de cette ville, après avoir franchi le fleuve à Borizow. Junot, duc d'Abrantès, attaché à la personne de l'Empereur et sans commandement, vint alors se mettre à la tête de ce 8e corps, qui ne fit aucun mouvement pendant ces quelques jours. Le 12, il se remit en marche à la suite du 5e corps, pour gagner, par la grande route de Smolensk, le point de Rasasna, où Napoléon voulait faire établir des ponts et franchir le Dniéper, afin de se porter sur Smolensk et de rassembler toutes ses forces de ce côté. Le prince Bagration était parvenu, malgré Davout, à réunir son armée à celle de Barclay de Tolly le 4, et ce dernier, poursuivi depuis Drissa jusqu'à Vitebsk, dont les Français s'étaient emparés, se concentrait autour de Smolensk. Chargés de s'opposer aux tentatives que l'ennemi aurait pu tenter sur le flanc de la Grande Armée, Junot et Poniatowski suivirent la marche des autres corps, à deux lieues sur le flanc, par des chemins de traverse. Junot devait se trouver le 17 au matin, quelques heures après la masse principale de l'armée, devant Smolensk, dont l'investissement avait été complété la veille au soir; mais, égaré par un guide, il perdit une marche et n'arriva qu'après l'entrée de l'Empereur dans la ville, le 18. Il fut à l'instant détaché, avec mission de passer le Dniéper à Prouditchéwo, village situé à deux lieues plus loin, pour attaquer la gauche de l'arrière-garde des Russes, en pleine retraite sur Dorogholouj. Le duc d'Abrantès, ayant fait établir un pont, franchit le fleuve et vint prendre position sur une hauteur qui borde ce fleuve, et devant laquelle s'étendait un vaste terrain marécageux le séparant de la gauche de l'ennemi. Le combat ne tarda pas à s'engager, Barclay faisant tous ses efforts pour se soutenir et donner le temps à ses troupes de gagner le village de Brodichino. Les Westphaliens, restés sans autre ordre que celui de se maintenir dans leur position, ne prirent de part à l'affaire qu'en envoyant quelques boulets à l'ennemi (1). A cette époque, le 8e corps comptait encore près de 14,000 hommes sous les armes.

Après l'affaire du 19, Junot forma l'arrière-garde de l'armée ; il s'avança après le maréchal Ney par la grande route de Smolensk à Moscou.

Le 25 août, l'armée française occupa Doroghólouj ; le 8e corps continua le lendemain son mouvement en avant sur Viasma. Il traversa cette ville le 27, et atteignit Ghjat (27 lieues de Moscou) le 1er septembre, ayant laissé trois bataillons à Borizow (le 2e du 3e régiment, le 2e du 6e régiment, et le 3e d'infanterie légère), et un bataillon à Dorogholouj. Le 6, il arriva près de Borodino, au village de Golowino, entre Ghjat et Mojaïsk ; il avait encore laissé des détachements à

(1) Le colonel Boutourlin prétend (page 280) que le 8e corps ne prit pas part au combat parce qu'il fit un faux mouvement et s'égara ; le bulletin de la Grande Armée, où il est question de ce fait et dans lequel Napoléon semble reprocher à Junot son inaction, prouve que l'auteur russe a été induit en erreur en cette circonstance. Du reste, la faute, si faute il y a, ne saurait être attribuée qu'à l'Empereur lui-même, qui, laissant le duc d'Abrantès sans ordre d'attaque, lui fit croire tout naturellement qu'il entrait dans ses projets de conserver le 8e corps en observation ou comme une réserve.

Viasma et à Ghat, en sorte que le duc d'Abrantès n'avait plus avec lui que 8,000 hommes d'infanterie et un millier de cavaliers avec 30 bouches à feu. C'est avec ces forces qu'il prit part, le lendemain 7, à la bataille de la Moskowa. Placé entre la grande redoute et le ruisseau de Kalotcha, le 8e corps liait le centre avec la droite, où se trouvaient les Polonais de Poniatowski. Vers midi, le combat, engagé depuis six heures du matin, était des plus acharnés au centre et à la droite, lorsque l'Empereur fit donner l'ordre à Junot d'appuyer Poniatowski en débouchant d'un bois placé non loin de la grande redoute. Le duc d'Abrantès, à la tête des Westphaliens, attaqua vigoureusement le général russe Tutchkof, et contribua puissamment à le repousser au loin; mais il n'obtint pas ce succès sans perdre beaucoup de monde. Les généraux Damas (1), commandant la 1re brigade de la

(1) Le général Damas (François-Auguste), qui fut tué d'un éclat d'obus pendant cette sanglante bataille, avait un de ces beaux caractères chevaleresques, dont le type se trouve principalement dans les armées françaises. Sa loyauté et sa valeur lui avaient fait donner le surnom du *Bayard* westphalien. Nommé sous-lieutenant en 1792, il avait fait, aux armées du Nord, les campagnes du commencement de la révolution. Aide-de-camp de son frère, le général Damas, il fut plus tard attaché à Kléber, et fit avec ce grand homme l'expédition d'Égypte. A vingt-huit ans, ses brillantes qualités et sa bravoure lui avaient mérité le grade de colonel, qu'il avait, on pouvait le dire, conquis à la pointe de son épée. En 1805, il servit à l'état-major de Bernadotte qui le connaissait depuis longtemps. En 1806, le roi de Hollande le demanda à son frère, et en 1807 il

23e division ; Lepel, commandant la brigade de cuirassiers ; le colonel de Gilsa, commandant le 1er régiment de cuirassiers ; six officiers supérieurs et près de trente officiers de tout grade trouvèrent, dans cette sanglante bataille, une mort glorieuse.

Le 9, l'armée occupa Mojaïsk à la suite d'un combat de cavalerie ; le 8e corps n'y arriva que le 12, le jour même où l'Empereur quittait cette ville pour pousser sur Moscou.

Le duc d'Abrantès reçut alors la mission de s'établir à Mojaïsk et aux environs, pour assurer les com-

le nomma brigadier, puis il lui confia le commandement de la ville de Bremen, et en 1808 celui, bien plus important, de Hambourg. Cette dernière place et son territoire étant passés sous le gouvernement du roi de Westphalie, Jérôme prit à son service le colonel Damas, et ne tarda pas, appréciant son mérite, à le nommer général de brigade.

C'est avec ce grade que le général Damas, encore fort jeune, commença, en 1812, la campagne de Russie, à la tête d'une des brigades du 8e corps. Il était tellement aimé des troupes sous ses ordres, que sur ce champ de bataille même de la Moskowa, où plus de 60,000 hommes des deux grandes armées françaises et russes avaient trouvé la mort, les soldats westphaliens échappés à cette glorieuse mais épouvantable journée lui élevèrent un petit monument de bois, plus honorable pour un soldat tué au champ d'honneur que les plus belles statues, que les plus beaux mausolées.

En apprenant, à Cassel, la mort du brave Damas, le roi de Westphalie s'empressa de faire écrire à sa veuve, qu'indépendamment d'une pension de 2,200 fr. pour elle et ses enfants, il se chargeait de toutes les dépenses relatives à l'éducation de ces mêmes enfants ; l'aîné, âgé de dix ans, fut immédiatement nommé l'un de ses pages.

munications entre les frontières de l'ouest et la ville des Czars.

On sait que, quelques jours après la bataille de la Moskowa, les Russes brûlèrent Moscou.

Cet événement funeste priva la Grande Armée de ses principaux moyens de subsistance, et fut l'origine de nos malheurs. Les Russes s'étaient flattés de profiter de cet effroyable sacrifice pour nous anéantir. Croyant qu'après de longues marches et de nombreuses privations, l'armée presque entière entrerait dans la ville pour prendre un peu de repos, ils avaient projeté d'y revenir en bon ordre, et d'y faire main basse sur tous les soldats qu'ils supposaient dispersés pour éteindre le feu ou pour piller.

Ce vigoureux projet fut déjoué par la prudence de l'Empereur : sa garde seule fut logée à Moscou; et pendant l'incendie, toute l'armée, qui avait pris position en dehors de la ville, se tint prête à repousser l'ennemi, s'il osait se présenter.

Le 8e corps ne fut pas témoin de l'incendie; chargé de veiller sur les derrières de l'armée, le duc d'Abrantès établit son quartier-général à Mojaïsk. Cette petite ville, la seule qui ne fût pas brûlée depuis Smolensk jusqu'à Moscou, est entourée d'un ravin profond qui l'eût rendue susceptible d'une bonne défense, si le 8e corps eût été plus nombreux; mais les forts détachements qu'il avait dû fournir l'avaient considérablement affaibli, et cette position ne tarda pas à devenir périlleuse. L'armée russe, qui, en évacuant

Moscou, avait paru se diriger sur Vladimir, vint couvrir Tula et Kalouga, en occupant la ligne de l'Okca, et en appuyant sa gauche à Borowsk et Véréja. Le 10 octobre, le 1er bataillon du 6e de ligne, qui occupait cette dernière ville, fut enlevé par l'ennemi. Véréja avait bien reçu quelques défenses de campagne et un palissadement; mais des habitants, ayant secondé le général russe Dorokhof, dans son attaque, par un soulèvement, la garnison fut faite prisonnière ou tuée.

Après l'enlèvement de ce bataillon, les troupes de Junot s'attendaient chaque nuit à être attaquées à Mojaïsk, et la supériorité des forces de l'ennemi rendait en effet cet événement possible. Si les Westphaliens échappèrent à ce danger, il est probable qu'ils le durent à ce que cette ville étant un lieu de passage, les Russes ne purent jamais être exactement instruits du petit nombre de ses défenseurs. On y comptait quelquefois plusieurs milliers d'hommes qui allaient à Moscou ou qui en venaient, et souvent il ne s'y trouvait pas 800 soldats en état de combattre.

Ce voisinage de l'ennemi et l'insurrection des villages environnants rendaient les approvisionnements très difficiles; chaque jour des hommes isolés et même des détachements étaient enlevés.

Voici quelles étaient la position et la force du 8e corps au 15 octobre :

Quartier-général à Mojaïsk.

23e DIVISION. — Quartier divisionnaire à Mojaïsk.

1re *Brigade.* — Le général de brigade de Borstell, à Mojaïsk.

Le 1er bataillon d'infanterie légère, à Kubinskoé et à Skelkowka, avec plusieurs postes détachés sur la grande route de Moscou.

Le 2e régiment : Le 1er bataillon, en route pour escorter 100 caissons français venant de Skelkowka, et traînés par des chevaux d'artillerie westphalienne ;

Le 2e bataillon, en route pour escorter un parc d'artillerie venant de Ghjat et rétrogradant sur Smolensk ;

Le 3e bataillon, en station à Ghjat.

Le 3e régiment : Le 1er bataillon à Mojaïsk ;

Le 2e bataillon, en station à Borizow.

Le 4e régiment, en route, venant de l'Allemagne.

2e *Brigade.* — Général de brigade Danloup-Verdun, à Mojaïsk.

Le 2e bataillon d'infanterie légère, en route avec le 2e bataillon du 2e régiment.

Le 5e régiment à Mojaïsk, venant de Ghjat.

Le 6e régiment : Le 1er bataillon, pris par l'ennemi ;

Le 2e bataillon, en station à Borizow.

Le 7e régiment, en station à l'abbaye de Solcsky, située à quatre lieues de Mojaïsk, pour protéger les blessés et les malades qui se trouvaient en cet endroit.

3e *Brigade.* — Le général de brigade Legras, à Mojaïsk.

Le 3e bataillon d'infanterie légère, en station à Borizow.

Les grenadiers de la garde, à Mojaïsk.

Les chasseurs de la garde, en station à Rouza, à six lieues sur la gauche.

Les chasseurs carabiniers, à Mojaïsk.

Le 8e régiment de ligne, à Ghjat.

La brigade de cavalerie légère, en station dans trois villages situés sur la gauche et en avant de Mojaïsk.

La brigade des cuirassiers, au 4e corps de réserve à Moscou.

L'artillerie et la réserve, tout entières à Mojaïsk.

Hommes présents sous les armes.

Infanterie.	410	officiers,	10,618	troupe.
Cavalerie.	80	—	1,063	—
Artillerie	18	—	988	—
Gendarmerie. . . .	2	—	29	—
	510	officiers,	12,698	troupe.

Aux hôpitaux.

Infanterie.	60	officiers,	5,030	troupe.
Cavalerie.	27	—	438	—
Artillerie.	4	—	111	—
	91	officiers,	5,579	troupe.

Prisonniers.

Infanterie.	23	officiers,	677	troupe.
Cavalerie.	3	—	149	—
Artillerie.	1	—	115	—
	27	officiers,	941	troupe.

Total général de l'effectif du 8e corps : 628 offic., 19,218 troupe.

Chevaux existants.

D'officiers.	435
De troupe.	876
De trait.	1,036
Total. . .	2,347 chevaux.

Le 8e corps demeura dans cette dangereuse position jusqu'au 28 octobre. L'Empereur, qui, le 24 et le 25, avait vivement repoussé les Russes sur Kalouga, profita de leur mouvement rétrograde pour commencer lui-même sa retraite. Toute l'armée vint reprendre la grande route à Mojaïsk ; le 8e corps se joignait à elle, et abandonna cette ville, qui fut brûlée par l'arrière-garde.

Pendant les premiers jours de la marche, les Westphaliens, étant au centre de la colonne, virent souvent l'Empereur traverser leurs rangs ; le général Legras eut même avec lui une conversation fort longue. Napoléon lui fit beaucoup de questions sur le 8e corps, sur les généraux qui le commandaient, et sur la manière dont les troupes avaient vécu à Mojaïsk. « Avez-vous eu lieu, lui demanda-t-il, d'être satisfait de la conduite de vos soldats ? — Sire, répondit le général, je pense que les rapports qui en auront été faits à Votre Majesté ne leur ont jamais été défavorables ? — Au contraire, répliqua l'Empereur, ce sont de fort braves gens, et je suis très content d'eux. » Il demanda encore s'il y avait beaucoup de Français dans l'armée westphalienne. « Il y en a peu dans les grades subalternes, dit le général Legras ; mais le

Roi, voulant que ses soldats soient les frères de ceux de Votre Majesté, et s'étant proposé de leur donner les mêmes règlements et les mêmes habitudes, a cru qu'il lui convenait d'avoir plusieurs officiers français dans les rangs élevés. — C'est bien vu, dit l'Empereur ; il a très bien fait. »

A l'époque où cette conversation eut lieu, la retraite se faisait en très bon ordre. Le temps était superbe, les routes étaient bonnes ; une température de 4 à 5 degrés, bien loin de nuire au soldat, l'excitait à marcher. Si de nombreux bouleaux, dépouillés de leur feuillage, n'eussent attesté la présence de l'hiver, l'éclat du soleil eût pu faire croire qu'on était encore dans la belle saison. Chacun était étonné de voir de si beaux jours ; mais ce bonheur ne fut pas de longue durée. Le 6, au moment où le 8e corps atteignait Doroghoïouj, le soleil se cacha ; une neige abondante tomba, et le froid, qui avait considérablement augmenté, rendit les routes extrêmement glissantes. Jusqu'à ce jour, la marche des colonnes n'avait été retardée que par les défilés et les passages de ponts ; elle le fut alors par tous les accidents de terrains qui devinrent très difficiles à franchir. Le pays, depuis Toloschin et Orcha jusqu'à Moscou, est couvert de coteaux ; les ravins qui les séparent présentaient de grandes difficultés. Les malheureux chevaux tombaient à chaque pas, se relevaient pour tomber encore, et finissaient par être abandonnés. Ces accidents retardaient beaucoup la marche des colonnes ; au lieu d'être rendu de bonne heure au bivouac, on n'y arrivait souvent que pendant la nuit. Il devenait très difficile d'aller chercher du fourrage. C'est alors que les pertes en cavalerie et artillerie commencèrent. Les chevaux, harassés du pénible travail de la journée, passaient quelquefois les nuits entières sans manger et toujours exposés à un froid des plus vifs : ils mouraient par milliers. Les chemins en étaient jonchés, et il fallut faire sauter des caissons et abandonner des canons. La faim se fit bientôt vivement sentir ; les plus braves soldats, qui tenaient à ne pas abandonner leur corps, mangèrent les chevaux qu'ils trouvaient à chaque pas ; les autres se dispersèrent dans la campagne, où ils mouraient ou tombaient entre les mains des Russes.

Vers la fin de septembre, le roi de Westphalie, inquiet de n'avoir plus, depuis la bataille de la Moskowa, de nouvelles de son armée, envoya en Russie le baron de Bodenhausen, avec mission de se rendre au quartier impérial, et de porter aux troupes westphaliennes des récompenses et surtout les secours dont les officiers et les soldats pourraient avoir besoin.

Nous allons extraire de la correspondance et du rapport de M. de Bodenhausen ce qu'il y a de plus saillant ; et comme les faits racontés par un témoin oculaire et écrits sous l'impression du moment ont toujours un grand attrait, nous le laisserons parler lui-même :

« Je partis de Cassel le 28 septembre ; je pris la route de Berlin. Je passai par Kœnigsberg, Wilna, Minsk, Orcha, et j'arrivai le 14 octobre à Smolensk, me dirigeant sur Moscou. Depuis Smolensk, la route n'était plus sûre ; des paysans, des corps de partisans et les Cosaques rendaient les communications très dangereuses. Des brigades de postillons étaient bien organisées de relais en relais ; les maisons de poste étaient même retranchées, et chacune d'elles avait une garnison de 100 hommes d'infanterie et de 25 cavaliers ; mais néanmoins on risquait beaucoup d'être attaqué et enlevé. Le général Jomini, gouverneur de Smolensk, m'ayant prévenu de cet état de choses, je profitai du départ d'un convoi de 6,000 hommes escortant un trésor impérial, pour me joindre à lui. Ce corps, commandé par le général Evers, ne pouvait malheureusement marcher bien vite ; je le quittai le surlendemain pour rejoindre un autre convoi transportant des vivres, sous la protection d'un escadron de dragons. J'atteignis ainsi, le 23, Mojaïsk, après avoir été attaqué cinq fois par les Cosaques. Dans cette ville se trouvait le quartier-général du 8e corps, toujours sous les ordres du duc d'Abrantès. Je me rendis chez cet officier-général, et lui remis les décorations et les brevets dont j'étais porteur. Tandis que j'étais chez lui, le hasard y amena également un officier de l'état-major du prince de Neuchâtel, prêt à retourner au quartier impérial. Désireux de profiter de cette occasion pour me rendre auprès de l'Empereur, je laissai mes bagages à Mojaïsk, et je quittai cette ville le soir même, à huit heures.

» L'Empereur venait de se porter de Moscou sur la route de Kalouga, je pris celle de Véréja, de Borowsk, et je le trouvai, le 24, à dix heures du matin, sur le champ de bataille de Malo-Jaroslawetz. Il me reçut et me demanda tout de suite, avec beaucoup d'intérêt, des nouvelles de son frère le roi de Westphalie. Il désira savoir si le roi Jérôme formait de nouvelles troupes, si ses dépôts étaient bien considérables, s'il avait encore beaucoup de ressources en hommes, si le 8e corps s'était bien trouvé à Mojaïsk, s'il avait des malades; enfin, il me fit une foule de questions à la suite desquelles il me congédia en m'ordonnant de suivre le quartier impérial.

» La veille, 23 octobre, une affaire assez sérieuse s'était engagée avec l'ennemi au village de Gorodnia près de Borowsk ; l'ennemi avait été repoussé à trois lieues du champ de bataille, près du couvent de Malo-Jaroslawetz. Le 24, de grand matin, l'Empereur se rendit de Borowsk à la hauteur de Gorodnia pour reconnaître la position des Russes. Il faisait un brouillard des plus épais. L'armée était en avant, et lui se trouvait à une lieue de ses troupes avec quelques officiers et une faible escorte. Ayant à expédier des ordres au prince de Neuchâtel resté à Borowsk, il lui envoya un de ses aides-de-camp. Cet officier n'avait pas fait une demi-lieue, qu'il tomba au beau milieu d'une colonne de cavalerie russe formée par trois régiments de dragons, suivant précisément la même route que l'Empereur. L'aide-de-camp prit ces cavaliers pour des Français, continua son chemin, mais il fut reconnu et reçut plusieurs coups de pistolet. Il parvint cependant à s'échapper et revint bride abattue prévenir Napoléon. Il était temps, car les trois régiments russes étaient peu éloignés, et Napoléon, si son officier d'ordonnance eût été tué, pouvait être enlevé. L'Empereur s'empressa de rejoindre ses troupes, une colonne fut envoyée au-devant des dragons russes qui, égarés pendant le brouillard, avaient fait fausse route: ils furent culbutés.

» Le même jour, l'Empereur retourna au bivouac qu'il avait occupé le matin. Vers midi, le brouillard s'étant dissipé, il alla reconnaître en personne le champ de bataille de Malo-Jaroslawetz, où les trois corps du vice-roi, du prince d'Eckmühl et du maréchal Ney, commandés par le roi de Naples, luttaient depuis l'aurore contre toute l'armée de Kutusof. Le combat dura jusqu'à quatre heures. Les Russes se retirèrent alors à deux lieues, ayant éprouvé des pertes considérables. Après la bataille, Napoléon passa la revue des troupes, qui comptaient encore 65,000 hommes sous les armes. Le 25, à six heures du matin, il monta à cheval et se rendit sur les hauteurs près du couvent de Malo-Jaroslawetz, d'où il découvrit l'armée russe dans une belle position. Étant resté trois heures à observer l'ennemi, il ordonna, vers midi, un mouvement rétrograde, laissant au maréchal Davout le soin de former l'arrière-garde. Il coucha le soir à Borowsk et le lendemain à Véréja, où le colonel westphalien Rud avait été pris avec un bataillon. On lui amena le général Wintzingerode fait prisonnier à Moscou. A sa vue, Napoléon entra dans une violente colère et lui dit : « Vous êtes un traître, vous servez contre votre patrie, la Confédération du Rhin. Vous changez de patrie comme on change d'habit. Vous n'avez qu'un but, c'est de me combattre, vous le faites par haine ; vous vous placez dans les rangs de toutes les puissances en guerre contre moi ; je vous ferai juger par un conseil de guerre, et si vous êtes coupable vous serez fusillé dans trois jours. L'incendie de Moscou est une infamie, je m'en vengerai. J'irai brûler Saint-Pétersbourg. Allez ! » Puis s'adressant à l'aide-de-camp du comte de Wintzingerode : « Vous avez servi votre patrie en homme d'honneur, lui dit-il, c'est bien, mais vous avez tort de vous attacher à un traître. Je vous ferai bien traiter, vous resterez dans la maison du prince de Neuchâtel. »

» Quelque temps après, Wintzingerode et son aide-de-camp parvinrent à s'échapper.

» Le 25, j'ai pu enfin rencontrer les deux régiments de cuirassiers westphaliens. Cette brigade, qui avait déjà souffert beaucoup à la bataille de la Moskowa, fut réduite à rien dans les affaires du 4 et du 18 octobre ; il n'en restait guère que *soixante* chevaux ; la brigade saxonne du général Thielmann, qui faisait division avec elle, n'en présentait plus en ligne que *quarante*, et tout le corps de Latour-Maubourg n'avait pas 500 cavaliers en état de combattre. Cet officier-général et le général de Lorge ne pouvaient se lasser de faire l'éloge de la cavalerie westphalienne.

» Le 28 octobre, l'armée française arriva à Mojaïsk. Le 8e corps avait quitté cette ville le matin. Le

2 novembre, l'Empereur, laissant Viasma, se porta sur Smolensk. Les Russes, en apprenant notre retraite, s'étaient mis à notre poursuite à marches forcées, de Kalouga sur Viasma. Ils parvinrent à couper l'arrière-garde que commandait le prince d'Eckmühl. Ce dernier faillit être pris et fut sauvé par un mouvement rétrograde de Napoléon. L'Empereur confia la mission périlleuse de couvrir l'armée au vice-roi; quatre jours après, le prince Eugène étant tombé malade, Ney le remplaça.

» A Viasma, craignant de ne pouvoir être expédié encore, je sollicitai l'autorisation, qui me fut accordée, de me rendre au 8e corps, pour exécuter les ordres du roi de Westphalie. Je passai cinq jours avec les troupes du duc d'Abrantès, et j'acquis la certitude que ce dernier était loin d'y être aimé. On se plaignait aussi du peu de soins dont les blessés et les malades étaient l'objet.

» L'armée commençait à souffrir beaucoup, chaque jour elle faisait des pertes effrayantes. On accusait Junot de contribuer aux maux du 8e corps; mais le fait est que les autres corps étaient tout aussi à plaindre.

» Le 7 novembre, je revins au quartier impérial et j'arrivai le 9 avec lui à Smolensk. Je quittai cette ville le 13. L'Empereur en partit le lendemain, 14, en traîneau. Le 15, il était à Krasnoë. Le 8e corps prit part ce jour-là à une action vigoureuse contre les Cosaques. Le général westphalien Hammerstein faillit être fait prisonnier, et le général Allix, n'ayant plus que quatre bouches à feu, et pas assez de canonniers, servit lui-même cette artillerie avec les officiers encore debout.

» Le 8e corps, qui avait quitté Mojaïsk, fort de 5,700 fantassins, 720 cavaliers (brigade de cavalerie légère), et ayant un matériel de 30 bouches à feu, n'avait plus à Smolensk que 16 canons, 2,300 fantassins et 450 chevaux. Pendant les trois jours que dura la marche de Smolensk à Krasnoë, il perdit 12 pièces, 400 fantassins et 30 chevaux. Dans les trois jours suivants, le froid étant devenu excessif, le général Allix fut obligé d'abandonner ses quatre dernières pièces, en sorte que, le 18 novembre, le matériel de l'artillerie westphalienne n'existait plus. Il restait encore quelques officiers et quelques canonniers.

» Le 15 novembre, la Grande Armée perdit beaucoup de bagages; le 8e corps, son trésor, où il y avait une trentaine de mille francs. A Krasnoë, l'Empereur forma de toute la cavalerie une division de 6 régiments à 1,000 chevaux, dont le général Latour-Maubourg prit le commandement, ayant sous ses ordres le général Bruyères.

» L'armée, continuant sa désastreuse retraite, arriva, le 22 novembre, à Bohr, à moitié chemin d'Orcha à Borizow. Le 8e corps n'existait pour ainsi dire plus. Le général d'Ochs proposa au duc d'Abrantès de former un bataillon de ce qui restait des troupes westphaliennes, de couper les drapeaux et d'en distribuer la soie aux chefs des corps après avoir brûlé les hampes. Junot approuva ces dispositions, en sorte que l'on organisa les *trois cent vingt soldats* qui vivaient encore, en un bataillon dont le commandement fut confié au major Rauschenblatt. Cinq jours après ce bataillon était en partie détruit. »

Terminons le récit succinct de cette fatale retraite par quelques mots sur le passage de la Bérésina.

L'ennemi avait éprouvé plusieurs fois des revers; dès qu'il avait eu connaissance de la retraite, il s'était porté directement sur Viasma par la route de Kalouga qui vient y aboutir. Arrivé à cette première ville avant le premier corps, qui fermait la marche, il prit position pour l'empêcher de passer, et le prince d'Eckmühl ne se serait pas tiré de ce mauvais pas, si le 4e corps n'était venu à son secours. Le lendemain, l'Empereur, très satisfait du Vice-Roi, lui confia le commandement de l'arrière-garde; mais comme cette tâche était aussi pénible que dangereuse, les divers corps d'armée qui étaient encore assez forts en furent alternativement chargés. Le 3e, commandé par le duc d'Elchingen, s'en acquitta de la manière la plus glorieuse. Resté en arrière pour faire sauter les remparts de Smolensk, il fut cerné par des forces très supérieures et parvint néanmoins à se faire jour. L'Empereur, avant de connaître cet heureux résultat, était revenu sur ses pas à la tête de sa garde pour aller le dégager, et pendant cette marche rétrograde son trésor et ses bagages coururent le risque d'être enlevés. Escortés par une seule et très faible division, ils avaient fait halte sur un plateau en avant de Krasnoë ; plusieurs milliers de Cosaques, qui avaient six pièces de canon, escarmouchèrent toute la matinée autour de l'escorte, et le danger ne cessa qu'au retour de l'Empereur, qui avait trouvé le maréchal Ney déjà hors d'embarras et rejoignant l'armée.

En approchant de Borizow, la situation des troupes sembla près d'empirer ; jamais campagne ne s'était déroulée sur un plan aussi vaste : le corps russe, aux ordres de l'amiral Tchitchakof, venu de la Moldavie, était entré en ligne et rendait la retraite encore plus difficile ; le bruit se répandit bientôt qu'il avait coupé le pont de Borizow, et qu'il occupait la rive opposée. Certes, la position était terrible ; cependant les deux armées russes ne purent empêcher le passage. Deux ponts furent jetés sur la rivière, et l'ennemi, qui avait attaqué en même temps sur la rive droite et sur la rive gauche, fut repoussé des deux côtés avec une vigueur qui eût fait honneur à des troupes fraîches, et qui était admirable quand on songe à l'état d'épuisement dans lequel se trouvait l'armée française.

Ce passage fut pourtant la cause de bien des malheurs particuliers. Des milliers d'hommes isolés, effrayés de l'approche des Russes, se pressaient pour franchir la rivière, et se précipitaient au milieu d'une énorme quantité de voitures, qui, voulant toutes se devancer, occasionnaient un horrible désordre. Les boulets de l'ennemi tombaient au milieu de cette multitude, aucun ne manquait son effet : tous semaient la mort et l'épouvante. Les malheureux qui parvenaient au rivage, après s'être tirés du milieu des voitures brisées, des hommes et des chevaux écrasés, se voyaient souvent rejetés du pont par des officiers-généraux, qui, craignant de le voir se rompre sous le poids des fuyards, repoussaient à coups de sabre tout ce qui se présentait. Alors ne pouvant résister à la foule qui les pressait, ces infortunés tombaient à l'eau au milieu des glaçons. Quelques uns y trouvaient une prompte mort; d'autres traversaient à la nage, et mouraient de froid sur la rive opposée.

Cette catastrophe fut en quelque sorte avantageuse au gros de l'armée : tous les bagages qui n'avaient pu passer avant l'heure du désordre restèrent sur la rive gauche, et la marche en devint plus libre. Le pays que traversa l'armée après cette rivière, populeux et bien cultivé, offrit aussi depuis ce jour beaucoup plus de ressources. Les paysans, surpris par les troupes qu'ils n'attendaient pas sur cette communication secondaire, n'eurent guère le temps de cacher leurs provisions. On trouva parfois des légumes, des bestiaux et même du pain. La plupart des soldats, craignant bien moins les Cosaques qui nous flanquaient sans cesse que la faim qui les tourmentait, se répandaient dans les villages voisins de la route, et revenaient vendre aux officiers une partie de ce qu'ils avaient pu trouver. En général, l'armée eut depuis cette époque bien plus de facilité pour subsister; mais c'est aussi alors que le froid se fit le plus vivement sentir. On avait eu depuis Smolensk que 15 à 18 degrés de froid ; près de Wilna, le thermomètre en marquait 26 ou 27. Ceux qui, affaiblis par la faim, pouvaient à peine se traîner, ne résistèrent pas à cette cruelle température. On vit quelquefois des soldats rangés en cercle, et tous morts autour d'un feu de bivouac qu'ils n'avaient pu entretenir. Ceux qui avaient conservé assez de vigueur pour activer leur marche et leurs mouvements n'eurent que quelques parties du corps gelées : ce furent les plus heureux.

De tous les maux que l'armée éprouvait, la soif n'était pas le moindre : le grand froid altère comme la chaleur, et nulle part on ne trouvait de l'eau ; on passait souvent, il est vrai, sur des étangs et sur des ruisseaux, mais tous étaient couverts d'une glace fort épaisse ; et si quelqu'un parvenait à y faire un trou, il était entouré aussitôt d'une foule de soldats qui se jetaient sur la glace à plat ventre, et qui s'entre-poussaient pour apaiser leur cruelle soif.

Enfin l'armée se rapprochait de la Prusse, dont les villages offraient plus de ressources. Quelques milliers d'hommes blessés, malades ou harassés de fatigue, furent encore pris dans Wilna, où ils trouvaient le repos et un bien-être qu'ils n'avaient pas goûté depuis longtemps ; mais après cet événement, l'ennemi, affaibli par ses longues marches et par un froid des plus âpres, cessa sa poursuite, et tout ce qui avait pu échapper aux fatigues et aux dangers de cette longue retraite passa enfin le Niémen vers les 12 et 13 décembre, c'est-à-dire après cinquante jours de marche et de souffrances depuis le départ de Moscou.

Le roi de Westphalie, informé de la retraite désastreuse de l'armée française et de la destruction du

8e corps, se refusait à croire les malheurs de ses soldats aussi grands qu'ils étaient réellement ; n'ayant pas de nouvelles officielles, il doutait encore, et le 28 décembre, il écrivit au major-général :

« Mon cousin, j'envoie le chambellan comte d'Oberg, l'un de mes officiers d'ordonnance, pour prendre des renseignements sur mon armée, dont je n'ai pas entendu parler depuis son départ de Mojaïsk, ainsi que pour donner des secours à ceux de mes officiers, sous-officiers et soldats qui en auraient besoin, et me rapporter les détails des pertes que j'ai sans doute éprouvées.

» Je désire, mon cousin, que vous donniez l'ordre à tous les officiers supérieurs dont les corps sont en Westphalie, tels que le général Hessberg, le colonel Müller, le baron de Busch-Munck, le comte de Hœne, etc., de se rendre à leurs corps où leur présence est nécessaire ; et comme je suppose que la plus grande partie de mon artillerie est perdue, je vous prie également de donner l'ordre au général Allix de revenir à Cassel pour créer un nouveau matériel et former un nouveau personnel, ce général étant directeur-général de l'artillerie, du génie et des ponts et chaussées, et ne m'ayant suivi à l'armée que parce que l'Empereur lui avait donné le commandement de l'artillerie de l'aile droite. Sans cela, je me trouverais, la campagne prochaine, hors d'état de fournir de nouveaux renforts.

» Je désire, mon cousin, que vous soyez convaincu du tendre attachement que je vous porte.

» Cette lettre n'étant à d'autre fin, je prie Dieu qu'il vous ait, mon cousin, en sa sainte et digne garde.

» Votre affectionné cousin,

» JÉRÔME NAPOLÉON.

» Cassel, le 28 décembre 1812. »

A l'époque à peu près où Jérôme adressait la dépêche ci-dessus au prince de Neuchâtel, l'Empereur lui écrivait à lui-même la lettre suivante :

« Mon frère, je reçois votre lettre ; je crois votre présence plus utile dans votre royaume qu'à Paris. Il n'existe plus rien de l'armée westphalienne à la Grande Armée, et tout paraît annoncer une crise pour le printemps prochain. Faites-moi connaître ce que vous avez envoyé pour reformer vos cadres ; ce que vous pouvez faire pour compléter votre artillerie et votre cavalerie ; et enfin ce que vous êtes en état de faire pour approvisionner et bien armer la position de Magdebourg contre tout événement.

» La lecture des bulletins et les nouvelles que vous pouvez avoir reçues directement de la Grande Armée vous auront fait connaître qu'elle a dû prendre ses quartiers d'hiver sur la Vistule, après avoir fait des pertes très sensibles.

» Cette lettre n'étant à autre fin, je prie Dieu qu'il vous ait en sa sainte et digne garde.

» Paris, le 23 décembre 1812.

» Votre affectionné frère,

» NAPOLÉON. »

LETTRES DE NAPOLÉON

A SON

FRÈRE LE ROI DE WESTPHALIE

EN 1813.

LETTRES DE NAPOLÉON

AU ROI DE WESTPHALIE EN 1813 [1].

I

« Mon frère, selon l'usage que j'ai toujours pratiqué dans les circonstances importantes, je crois devoir faire connaître à Votre Majesté la situation de nos affaires.

(1) Les *Mémoires pour servir à l'histoire de la campagne de* 1812 se trouvaient naturellement terminés par le livre VIe de cet ouvrage, mais nous avons cru être agréables et utiles à nos lecteurs en faisant suivre ces mémoires des lettres fort importantes et tout à fait inconnues, écrites par Napoléon à son frère le roi de Westphalie, pendant l'année 1813. Elles sont d'un intérêt majeur, car elles retracent de la manière la plus claire et la plus positive le tableau des ressources qui restaient à la France pour soutenir la lutte, après la désastreuse retraite de Moscou; elles mettent au jour les intentions, les projets et les espérances de l'Empereur, enfin elles peuvent être d'une grande utilité pour l'histoire de la glorieuse campagne de 1813.

» Votre Majesté a appris par les rapports qui ont été publiés les victoires que j'ai obtenues sur l'armée russe. Je ne l'ai pas rencontrée une seule fois que je ne l'aie battue. Sa cavalerie et son infanterie se sont, en général, mal montrées. Ses cosaques sont les seules de ses troupes qui aient bien fait dans le genre de guerre auquel ils sont propres. Après les combats de Smolensk et la bataille de la Moskowa, je suis entré à Moscou. Je trouvai dans cette grande ville, abondance de toutes choses, les maisons toutes meublées, des provisions partout et les habitants dans les meilleures dispositions. Mais, vingt-quatre heures après, le feu éclata en deux cents endroits en même temps. Les riches magasins furent la proie des flammes. Les négociants et toute la classe moyenne voyant leurs demeures en cendres prirent la fuite, se dispersèrent dans les bois, et après quatre jours d'efforts prodigieux mais inutiles, Moscou, que nous ne pûmes sauver, n'exista plus. — Grand nombre d'habitants des villages m'avaient demandé un décret qui leur donnât la liberté, et promettaient de prendre les armes pour moi. Mais dans un pays où la classe moyenne est peu nombreuse et lorsque, effrayés par la ruine de

Moscou, les hommes de cette classe (sans lesquels il était impossible de diriger et de contenir dans de justes bornes le mouvement une fois imprimé à de grandes masses) se furent éloignés, je sentis qu'armer une population d'esclaves, c'était dévouer le pays à d'effroyables maux. Je n'en eus pas même l'idée. Je ne songeai qu'à organiser mon armée et à revenir sur la Dwina. Dès que je jugeai le moment opportun pour le mouvement, je marchai sur l'ennemi. Je manœuvrai sur sa gauche, je le poussai à quarante werstes, et, profitant de cet avantage, j'appuyai mon mouvement sur Smolensk. J'arrivai le 5 novembre à Dorogholouj par le plus beau temps possible. Je me félicitais de la situation de mes affaires; je n'avais pas laissé dans les hôpitaux plus de 500 hommes hors d'état d'être transportés; je traînais tout avec moi, je n'étais plus qu'à trois petites journées de Smolensk; l'ennemi avait été culbuté à Wiazma et dispersé dans les bois; le général-major qui le commandait avait été pris. Mais du 5 au 7, le froid devint rigoureux, les chemins se couvrirent de verglas. Je dirigeai le Vice-Roi sur Doukovchtchina, et avec le reste de l'armée je me portai sur la grande communication de Smolensk. Au lieu de trois jours, il en fallut cinq pour y arriver. Je perdis, dans ces marches, environ 4 à 5000 chevaux de trait et de cavalerie. Le mal n'était rien encore. Le Vice-Roi était retenu par les glaces sur le Hop. Attaqué par les Cosaques, il les repoussa avec un grand avantage et ne fit aucune perte en hommes. Mais il fut obligé d'abandonner une partie du matériel à cause du verglas que la rapidité des pentes rendait impraticable. Ce fut là que j'éprouvai les premières pertes un peu sensibles. Arrivé à Smolensk, j'appris que le prince de Schwartzenberg qui commandait ma droite avait marché pour couvrir Varsovie, au lieu de venir sur Minsk, et je sentis la nécessité de me porter sur la Bérézina, pour y prévenir l'ennemi. Je fis à regret ce mouvement. Cependant mon armée était encore belle; mes pertes étaient peu de chose, et j'espérais écraser les forces ennemies de la Wolhynie et de la Dwina. Mais le froid augmenta tellement qu'on croyait être au milieu de janvier et non au commencement de novembre. En peu de jours, 30,000 de mes chevaux moururent, toute ma cavalerie se trouva à pied, je fus obligé de détruire la plus grande partie de mon artillerie. Je reconnus qu'il n'était plus temps de manœuvrer, et qu'il fallait me rapprocher de mes arsenaux.

» J'ordonnai qu'on fît sauter Smolensk, opération dont le maréchal Ney fut chargé. J'arrivai à Krasnoï. Les Cosaques qui s'aperçurent bientôt que nous n'avions plus de cavalerie, se jetèrent entre nos colonnes; les hommes quittèrent les rangs pour aller, la nuit, chercher des abris contre l'affreuse rigueur du climat. Je n'avais pas de troupes à cheval pour les protéger. Cependant l'ennemi fit de vains efforts pour profiter de cette situation des choses. Il fut constamment attaqué et battu toutes les fois qu'il se présenta sérieusement. Le maréchal Ney, qui était resté en arrière de trois jours, marcha par la gauche du Borysthène, et se réunit à Orcha, sans avoir éprouvé d'autre perte que celle du matériel, qu'il avait été forcé de détruire. Je me fis rallier par les autres corps restés sur la Dwina, et je marchai sur la Bérézina que je traversai à la vue de l'ennemi. Je battis Tchitchagoff, et, après avoir dirigé sur Wilna mon armée, dont je laissai le commandement au Roi de Naples, je me rendis dans ma capitale.

» Votre Majesté peut apprécier les faussetés débitées par les bulletins russes, s'ils sont parvenus à sa connaissance. Il n'y a pas eu une affaire où les Russes aient pris un seul canon et une seule aigle ; ils n'ont pas fait d'autres prisonniers en front de bandière que des tirailleurs, dont on prend toujours un certain nombre, alors même qu'on est battu. Ma garde n'a jamais donné, elle n'a pas perdu un seul homme dans une action, elle n'a donc pas pu perdre des aigles, comme les bulletins russes le publient. Lorsqu'ils racontent qu'ils ont pris 11,000 hommes au maréchal Ney, ils débitent une autre fausseté. Ce qu'ils disent de l'affaire du Vice-Roi et de celle de Krasnoï, où la garde aurait donné, n'est qu'un tissu d'impostures, de platitudes et de folies. Sans doute, beaucoup de soldats, des officiers, des généraux même sont tombés au pouvoir de l'ennemi ; mais ils n'y sont tombés que parce qu'ils étaient restés malades, ou que, cherchant à se soustraire aux rigueurs du froid porté subitement à 24 et 26 degrés, ils s'éloignaient des routes de l'armée et marchaient isolés. Les Russes ont profité de ces circonstances imprévues. Ils peuvent s'en réjouir, mais ils ne peuvent assurément pas s'en glorifier. La grande armée, que j'avais laissée entre Minsk et Wilna, serait restée dans cette ville et ses environs, si le défaut de villages en avant de Wilna et le froid excessif porté à 26 degrés n'eussent déterminé le Roi de Naples à prendre des cantonnements en deçà du Niémen. Le Niémen était occupé par le duc de Tarente et la division Grandjean; la division Heudelet, qui n'avait pris aucune part à la dernière campagne, et la division Loison étaient entre le Niémen et Königsberg, où se trouvaient le quartier général de l'armée et ma garde. Dix-sept divisions formant les 1er, 2e, 3e, 4e et 9e corps, sous les ordres du Vice-Roi, du prince d'Eckmülh, des ducs de Reggio, d'Elchingen et de Bellune, occupent les positions d'Elbing, de Marienbourg et de Thorn, et autour de ces villes des pays très beaux et très abondants. Le corps du prince de Schwartzenberg et le 7e que commande le général Reynier couvrent Varsovie, pendant que les Bavarois se réunissent à Plock et que les Westphaliens et les Wurtembergeois sont dirigés sur Posen: Dantzig, Elbing, Königsberg, Thorn, Modlin ont des magasins bien approvisionnés. Dantzig seul a de quoi fournir aux divers corps 300 pièces d'artillerie de campagne. La cavalerie démontée se rend dans les dépôts et sur l'Oder pour y recevoir des chevaux. Mais sans compter cette cavalerie, la Grande Armée, dans son état actuel, présente encore un effectif de 200,000 combattants. Pour réparer ses pertes et pour la rendre beaucoup plus forte encore qu'elle n'était au commencement de la dernière campagne, j'avais déjà tout prêts des moyens qui me semblaient devoir suffire. 40 bataillons sont sur l'Oder, où j'ai ordonné qu'ils hivernassent. Ils vont être rejoints par les troupes parties d'Italie, sous la conduite du général Grenier, et qui viennent de passer en Bavière, et formeront avec elles un corps d'armée tout composé de vieux soldats. 84 bataillons pris sur les cent bataillons des cohortes, composés d'hommes de 22 à 28 ans, et déjà depuis un an sous les drapeaux, se réunissent à Hambourg, pour former un corps d'observation de l'Elbe, qui aura 6 divisions avec l'artillerie et les équipages nécessaires. 40 bataillons que j'ai ordonné de rassembler à Vérone, pourront, au mois de mars, traverser le Tyrol et se porter sur l'Oder. Enfin un premier et un second corps d'observation du Rhin, de 70 à 80 bataillons chacun, se forment à Erfurth, Wesel et Mayence. Ainsi, indépendamment de la Grande Armée et sans rien retirer de celle d'Espagne, qui a un effectif de 300,000 hommes et un présent sous les armes de 260,000, j'avais de disponible au-delà de 300 bataillons, tous composés de Français et en grande partie de vieilles troupes que j'ai tirées de mes camps sur les côtes et de mes garnisons de France et d'Italie et qui pourront, ainsi que 2 divisions de ma garde, être réunis au mois de mars sur l'Elbe et l'Oder. Avec cette force en hommes, avec les revenus ordinaires de mon Empire, qui seront pour la présente année de 1,100,000,000, et ayant toute raison de compter sur la fidélité de mes alliés, je m'étais flatté de n'avoir point à demander de nouveaux efforts à mes peuples, dont l'esprit d'ailleurs est tel que je n'eus jamais lieu d'en être plus satisfait. Mais cet état de choses vient d'être subitement changé par la trahison du général d'Yorck, qui, avec le corps prussien, fort de 20,000 hommes sous ses ordres, a pris le parti de l'ennemi. A cette occasion, la Prusse m'a donné de ses intentions les assurances les plus fortes et que j'ai lieu de croire sincères; mais elles n'empêchent pas que son corps de troupes ne soit avec l'ennemi. Les conséquences immédiates de cette trahison sont que le Roi de Naples a dû se retirer derrière la Vistule, et que mes pertes s'accroîtront de celles qui auront été faites dans les hôpitaux de la vieille Prusse. Une de ces conséquences éloignées pourrait être que la guerre s'approchât de l'Allemagne. J'ai pris toutes les mesures convenables pour garder les frontières de la Confédération. Mais tous les États confédérés doivent sentir la nécessité de faire, de leur côté, des efforts proportionnés à ce que les circonstances exigent. Ce n'est pas seulement contre l'ennemi extérieur qu'ils ont à se prémunir. Ils en ont un plus dangereux à craindre, l'esprit de révolte et d'anarchie.

» L'empereur de Russie vient de nommer le prince de Stein ministre d'État; il l'admet dans ses conseils les plus intimes, lui et tous ces hommes qui, aspirant à changer la face de l'Allemagne, cherchent depuis longtemps à y parvenir par les bouleversements et les révolutions. Si ces hommes peuvent entretenir, comme ils s'efforceront de le faire, des intelligences au sein de la confédération, et y souffler l'esprit qui les anime, des maux sans nombre et sans mesure peuvent fondre tout à coup sur elle. De l'énergie que les souverains vont développer dépendent et la tranquillité des peuples et l'existence des maisons qui règnent sur les divers États confédérés. J'ai garanti l'existence de leurs princes, je l'ai garantie et contre leurs ennemis extérieurs et contre eux qui, à l'intérieur, voudraient attenter à leur autorité. Je remplirai mes engagements. Les grands sacrifices que j'impose à mes peuples, les grandes mesures que je viens d'adopter n'ont d'autre but que de les remplir. Mais quand je ferai tout pour les souverains confédérés, je dois espérer qu'ils ne s'abandonneront pas eux-mêmes et ne trahiront pas leur propre cause. Ils la trahiraient, s'ils ne concouraient pas avec moi de tous leurs moyens; s'ils ne prenaient pas les mesures les plus efficaces pour mettre dans le meilleur état, leur infanterie, leur artillerie, leur cavalerie surtout, s'ils ne faisaient pas tout ce qui dépend d'eux pour que la guerre soit éloignée de l'Allemagne et que tous les projets de l'ennemi soient déjoués. Ils la trahiraient encore en ne mettant point les agitateurs de toute espèce dans l'impuissance de nuire, en laissant les feuilles publiques égarer l'opinion par des nouvelles mensongères, ou la corrompre par des doctrines pernicieuses; en ne surveillant point, avec une inquiète vigilance, et les prédications et l'enseignement et tout ce qui peut exercer quelque influence sur la tranquillité publique.

» Je demande donc à Votre Majesté de ne négliger aucune de ces mesures et de tout faire pour rétablir son contingent sur le même pied où il était avant la guerre. Le résultat des efforts communs sera, dans une seconde campagne, le triomphe de la cause commune, ou, si l'ennemi désire de prévenir cette campagne par des négociations, nous aurons, dans la grandeur de nos préparatifs, le gage certain d'une paix honorable et sûre, dont la première condition sera de maintenir tout ce qui existe, et de ne toucher en rien aux lois constitutrices de la Confédération, ni aux intérêts de ses souverains.

» Sur ce, je prie Dieu, monsieur mon frère, qu'il vous ait en sa sainte et digne garde.

» Paris, le 18 janvier 1813.

» De Votre Majesté, le bon frère,

» NAPOLÉON. »

II

« Mon frère, je reçois votre lettre du 15 janvier. Je me fais faire un rapport sur la balance que vous m'avez envoyée, et d'après laquelle la France doit à la Westphalie 9,062,000 francs, et la Westphalie 7,216,000 francs à la France. Aussitôt que j'aurai le rapport du ministre de l'administration de la guerre, je vous ferai solder la différence.

» Fontainebleau, le 23 janvier 1813. »

III

« Mon frère, il est nécessaire que la place de Magdebourg soit approvisionnée pour une garnison de 15,000 hommes et 2,000 chevaux pendant un an. Donnez des ordres pour que cet approvisionnement soit fait sans le moindre délai, en sorte qu'il soit complet au 1er mars prochain. Cet approvisionnement sera divisé en deux parties; l'une, pour six mois, sera à votre compte et entre les mains de vos agents et garde-magasins; l'autre, également pour six mois, sera au compte de la France et entre les mains des agents et garde-magasins français. J'ai préféré que vous vous chargeassiez de faire faire tout l'approvisionnement, parce que, comme il n'y aura point de concurrence, il pourra être fait à meilleur marché et parce que vous pourrez employer la voie des réquisitions; ce qui vous donnera un grand avantage. Envoyez-moi un état de cet approvisionnement, où une colonne contiendra ce qui est au compte de la Westphalie et une autre ce qui est au compte de la France. Je donne ordre que des fonds soient faits sur-le-champ pour payer tout ce que vous aurez fourni. Vous recevrez un décret que j'ai pris sur ces bases.

» Il faudra que les commissaires des guerres veillent à ce qu'il ne soit reçu que des denrées de bonne qualité. L'approvisionnement doit être en farine et non en blé, à cause des difficultés qu'il peut y avoir pour moudre. Faites-moi connaître si vous préférez être payé avec les obligations que j'ai de vous ou bien en argent comptant. Il faut que les denrées soient bonnes et à bon marché; elles seront régulièrement payées à mesure des versements. Indépendamment de l'avoine nécessaire pour les 2,000 chevaux pendant un an, je désire avoir à Magdebourg une réserve d'avoine. Faites passer, en conséquence, des marchés pour qu'il m'y soit fourni 2,000,000 de boisseaux d'avoine. Il devra y avoir, au 1er mars, 60,000 quintaux de farine, 30,000 pour votre compte et 30,000 au mien. Quant à la viande, il devra y avoir, sur chaque approvisionnement, pour six mois, une quantité de viande salée suffisante pour deux mois, et pour les quatre autres mois, un approvisionnement de viande sur pied.

« Fontainebleau, le 24 janvier 1813. »

IV

« Mon frère, dans les quinze premiers jours de mars, tout le corps d'observation de l'Elbe doit être réuni à Magdebourg et à une journée aux environs. Je donne l'ordre que le prince d'Echmühl, avec une division de 16 bataillons, se porte à Wittenberg, et qu'une autre division se porte à Dessau. Des mesures sont prises depuis longtemps par les Saxons pour occuper Torgau. Je vous ai fait mander que je désirais que vous missiez votre corps sur la gauche du général Lauriston, à mi-chemin de Magdebourg et de Hambourg. Les troupes pourront se placer même sur la rive droite du fleuve pendant le temps qu'il n'y aura point de danger, afin d'inquiéter l'ennemi. On s'assurera de tous les bateaux pour empêcher le passage de l'Elbe. Toutes les forces de l'ennemi, selon les derniers renseignements, paraissent être du côté de Kalisch. S'il marchait sur Dresde pour tourner ainsi l'Oder et l'Elbe, j'ai ordonné au Vice-Roi de porter sa ligne d'opération par Magdebourg, Cassel, et Wesel. Si le Vice-Roi était obligé d'abandonner l'Elbe, il défendrait le Weser et Cassel. Je pense donc qu'il est convenable que, sans faire semblant de rien, vous ayez à Cassel une ressource de 4 à 500,000 rations de biscuit et une manutention de 24 fours que vous pouvez faire construire en annonçant l'arrivée d'une armée, ce qui sera toujours d'un bon effet. — Envoyez-moi ici, près du grand-maréchal du palais, un officier des ponts et chaussées ou un individu de ce pays qui connaisse bien les chemins de Cassel à Cologne, de Cassel à Francfort et de Cassel à Wesel, et qui puisse donner de bons renseignements sur les routes et les localités.

» Le Vice-Roi m'a mandé, sous la date du 24, qu'il restait à Berlin. Le général Reynier est entre Glogau et Dresde avec les Saxons et la division Durutte. La Bavière a organisé 15,000 hommes, dont 2,000 de cavalerie, et 30 pièces de canon ; ce corps se réunit à Bayreuth, Cronac et Bamberg. Les Würtembergeois se réunissent à Würtzbourg, ainsi que les Hessois et les Badois.

» Le 1er corps d'observation du Rhin est tout entier réuni à Francfort ; le prince de la Moskowa, qui le commande, y sera rendu de sa personne le 10. — Le duc de Raguse, qui commande le 2e corps d'observation du Rhin, sera rendu le 15 à

Francfort. Le duc de Trévise sera rendu à Gotha le 12; il aura 60 pièces de ma garde avec double approvisionnement, 3,000 hommes de cavalerie de ma garde et 10,000 hommes d'infanterie aussi de ma garde. — Le général Bertrand, avec 60,000 hommes du corps d'observation d'Italie, commencera le 10 à déboucher par le Tyrol pour venir se placer à Ratisbonne. — Je pense qu'il serait convenable que vous eussiez près du Vice-Roi un de vos aides-de-camp connaissant les localités, pour l'aider et pour vous assurer de ce qui se passe. Il faudrait que cet aide-de-camp eût un chiffre avec vous, et qu'il s'en servît constamment en vous écrivant, car il faut bien vous attendre que les Cosaques intercepteront des courriers. Ayez aussi un chiffre avec le général Lauriston.

» J'envoie pour gouverneur de Magdebourg le général de division Haxo. Si le Vice-Roi était obligé d'abandonner l'Elbe (ce qu'il ne fera qu'à bonne enseigne, vu surtout la ligne d'opérations que je lui proscris sur Cassel et Wesel), la garnison de Magdebourg serait composée de 1,500 ou 2,000 hommes de troupes westphaliennes et de 2 divisions complètes du 1er et du 2e corps, qui se réunissent à Dessau et Wittemberg. — Aussitôt que l'empereur Alexandre ou le généal Kutusof seraient entrés, soit à Berlin, soit à Dresde, vous feriez partir la Reine par Wesel et l'enverriez à Paris, mais pas avant. — Faites-moi connaître la nature des routes du Weser à Cologne. Des pièces d'artillerie peuvent-elles y passer? — Vous voyez que par ces dispositions l'armée des Russes à Dresde ne dérangerait ni ne compromettrait rien, puisque la division qui est dans la citadelle à Erfurth est approvisionnée et à l'abri d'un coup de main. — Les choses ainsi disposées, lorsque je croirai le moment arrivé, je me rendrai à Mayence, et si les Russes s'avancent, je prendrai des dispositions convenables ; mais nous avons grand besoin de gagner jusqu'en mai. — Je suppose que j'ai dans mon cabinet toutes les cartes de votre pays. Si vous aviez des cartes que je n'eusse pas, adressez-les-moi par l'officier que vous m'enverrez.

» Paris, le 2 mars 1813. »

V

« Mon frère, je vous ai fait connaître mes intentions dans ma lettre d'aujourd'hui. Vous aurez vu que mon intention est que vous réunissiez vos troupes sur la gauche du général Lauriston, à mi-chemin entre Hambourg et Magdebourg, au coude de la rivière, et que vos troupes exercent tout le long de l'Elbe afin de retirer tous les bateaux de ce côté. Je pense qu'aussitôt que vous aurez là 6,000 hommes et 16 pièces de canon, vous pourrez faire établir une redoute sur la rive droite pour protéger le passage de la rivière, soit sur un pont que vous établirez, soit du moins au moyen d'un va-et-vient qui pourra porter 500 hommes et 50 chevaux à la fois. Cette position de vos troupes est fort nécessaire, et l'établissement d'un pont ou d'un va-et-vient ainsi que celui d'une forte redoute faisant tête de pont sur la rive droite, me paraît très convenable. Occupez-vous de cela sans délai.

» Paris, le 2 mars 1813. »

VI

« Mon frère, si l'ennemi poussait en force: le Vice-Roi avec le général Lauriston, le général Reynier et votre corps, ce qui ferait une armée de plus de 100,000 hommes, défendraient la Westphalie et la 32ᵉ division militaire, dans le temps que ma garde, le 1ᵉʳ et le 2ᵉ corps d'observation du Rhin, le corps d'observation d'Italie, les Würtembergeois et les Bavarois se réuniraient sur le Mein; ce qui ferait une armée de plus de 200,000 hommes. Il est donc nécessaire de préparer le théâtre. Si le Vice-Roi abandonnait Magdebourg, sa gauche se retirerait probablement par la route de Hanovre et sa droite sur Cassel. Je vous ai demandé de m'envoyer un officier très instruit avec tous les plans et renseignements que vous auriez. Vous me ferez connaître si à Hameln il reste suffisamment des anciennes fortifications pour établir une tête de pont qui couvrirait un pont sur le Weser, ou s'il serait convenable d'établir ce pont à Minden. Faites-moi connaître le résultat de cette reconnaissance, et faites commencer les têtes de pont ayant la forme d'ouvrages de campagne. Il faudra aussi une tête de pont pour assurer le passage de l'Ems près de Munster. Faites faire un travail sur toute la route de Magdebourg à Wesel, et faites-moi connaître les positions que l'armée pourrait prendre dans le Harz pour retarder la marche de l'ennemi et pour couvrir Hanovre et Cassel, en ayant soin de conserver les communications avec le Mein. Je vous ai demandé des renseignements positifs sur la route de Cologne et Coblentz à Cassel. Si l'on pouvait y établir l'estafette, la correspondance serait plus directe et plus rapide. La colonne de droite qui se retirerait sur Cassel aurait des rivières à traverser; il faut avoir sur chacune de ces rivières un pont avec une tête de pont. Toutes ces têtes de pont doivent être palissadées à la gorge pour être à l'abri des Cosaques.

» Faites faire tout de suite ces travaux et envoyez-moi ces renseignements. Vous ferez faire un mémoire là-dessus que vous m'enverrez et que vous vous tiendrez prêt à envoyer au Vice-Roi dès qu'il aura résolu de quitter Magdebourg.

» Paris, le 5 mars 1813. »

VII (1)

« Mon frère, je vois avec peine que vous perdez un temps précieux en discussions. Il est fâcheux qu'avec l'esprit que vous avez, vous ne veuillez pas

(1) Cette lettre, relative à l'approvisionnement de Magdebourg, est des plus curieuses. L'Empereur, en créant ses frères rois, semblait s'être réservé tacitement le droit de disposer à sa guise des États, à la tête desquels il les avait placés; mais cette manière d'agir ne convenait pas à ces nouveaux souverains. Jérôme, tout en restant fidèle au principe français, avait cru devoir prendre sérieusement en main les intérêts de ses sujets, et il voulait avant tout sauvegarder la fortune du pays. Or, il n'ignorait pas le cas qu'on fait habituellement en temps de guerre des bons délivrés à la suite et comme paiement de réquisitions forcées. La Westphalie avait laissé vingt-cinq mille soldats dans les glaces de la Russie, elle avait formé d'autres troupes, rétabli son matériel, mais tout cela avait obéré ses finances et nécessité de nouvelles contributions. Approvisionner encore Magdebourg, comme le voulait l'Empereur, n'était pas une petite affaire, et le Roi était peu disposé à demander de nouveaux subsides à ses sujets; il voulait au moins que la France s'imposât à son tour pour la Westphalie quelques sacrifices, et ces sacrifices, il les obtint de son frère, ainsi que cela résulte de la lettre VIII.

voir qu'on ne peut approvisionner Magdebourg que par des réquisitions; que ce sont des moyens que l'état de guerre autorise; qu'on en a constamment usé ainsi, depuis que le monde est monde; qu'en Italie, dans la campagne de 1809, que même pour Wesel, Strasbourg et Mayence on use du même expédient. Les mouvements ont été si rapides qu'on ne peut pas avoir pourvu à ces approvisionnements par des marchés; il faut avoir bien peu d'expérience en administration pour ne pas savoir que, du moment que les fournisseurs voient une concurrence aussi considérable, il ne peut plus y avoir de limites à leurs prix. Bien plus, ces fournisseurs ne pourraient pas même avec les seuls moyens de commerce satisfaire à l'urgence des besoins; alors il faut bien avoir recours aux réquisitions, mais c'est par l'intermédiaire de l'administration qui les répartit le plus également possible et contre des *bons* qui sont liquidés en temps et lieu. Or, ce que je fais à Mayence même, comment voulez-vous que je ne le fasse pas à Magdebourg? Au lieu de prendre des mesures énergiques, vous ne faites que contrarier tout ce qui se fait. Vous croyez d'ailleurs qu'il y a des milliards disponibles, tandis que si vous preniez seulement la plume en ce moment, vous verriez combien 300,000 hommes que j'ai en Espagne, combien toutes les troupes que je lève cette année et les 100,000 chevaux que j'équipe en ce moment, me coûtent d'argent! Si les magasins eussent été formés il y a trois mois, on aurait pu faire faire alors cette fourniture par des marchés. Aujourd'hui il faut la faire par des réquisitions, mais il faut que ces réquisitions aient lieu par les ordres de vos ministres, par les préfets et par les administrations locales; qu'on réunisse ainsi une grande quantité d'avoine, de blé, de fourrages, de bestiaux à Magdebourg. Tout cela sera payé par des bons qu'on liquidera le plus tôt qu'on pourra. —Voici la différence de la Saxe et de la Westphalie : c'est qu'à peine le Vice-Roi a-t-il demandé qu'on formât des magasins à Wittemberg, à Torgau, etc., qu'aussitôt les ordres sont partis et les magasins ont été formés. Vous, vous discutez toujours. Quel sera le résultat de cette fausse conduite? C'est que les militaires feront eux-mêmes les réquisitions dans le pays et que ce sera partout des sujets d'indiscipline et de désordre. Croyez-vous que si les Russes viennent dans la Westphalie ils paieront vos sujets argent comptant? Même les plus petites dépenses, telles que celles des postes, ils les payent partout avec des bons. Votre pays a l'expérience de la guerre et sait ce que cet état exige; vous seul ne le savez pas et faites miracle des choses les plus simples! Il est honteux qu'une place comme Magdebourg, qui est la clef de votre royaume, ne soit pas encore approvisionnée. Tous vos raisonnements sont des vétilles et vous ne savez pas vous mettre à la hauteur des circonstances. J'ai actuellement 100,000 hommes à Hanau; j'en aurai bientôt 200,000 dans ce pays; on y fait des magasins et l'on ne discute point. Les Bavarois font aussi des magasins nombreux pour le passage du corps d'observation d'Italie. Il n'y a que vous qui vous plaigniez et qui ne preniez aucune mesure, parce que vous vous faites des idées fausses. C'est dans le courant de janvier que je vous ai écrit pour l'approvisionnement de Magdebourg : un mois bien précieux a été perdu. Le Vice-Roi groupe une armée de 100,000 hommes autour de Magdebourg; faites faire les réquisitions nécessaires et qu'il y ait une grande affluence de vivres à Magdebourg. Tout cela sera momentané; mais si vous ne prenez pas de mesures, ou le soldat aura recours aux réquisitions militaires, ou l'on évacuera le pays, qui deviendra la proie des Russes. Ainsi donc, on ne peut pas faire des marchés, car il n'est pas dans la nature des choses de pouvoir faire des marchés, quand 100,000 hommes ont des besoins pressants ; mais il faut faire des réquisitions avec le plus d'ordre possible et les payer avec des bons, qu'on liquidera plus ou moins vite. Il n'y a pas d'autre parti à prendre dans des circonstances aussi urgentes que celles où nous nous trouvons. Ces réquisitions bien réparties ne feront tort à aucune partie de localités, n'écraseront aucune province et feront face à tout. Croyez qu'il n'y a pas un Westphalien qui ne sache que, depuis que le monde est monde, cela ne peut pas se faire autrement. Je suis obligé de faire fortifier Magdebourg à mes dépens, de l'armer à mes dépens et de lutter constamment contre les autorités westphaliennes pour toutes les mesures qui n'ont pour objet que d'assurer la défense de la ville et du pays. A quoi donc sert votre esprit, puisque vous voyez si mal ? Et pourquoi mettre votre vanité à contrarier ceux qui vous défendent, lorsque c'est surtout à votre royaume que l'ennemi en veut le plus !

» Trianon, le 12 mars 1813. »

VIII

« Mon frère, je reçois votre lettre du 10 mars. Puisque vous ne pouvez pas vous porter vis-à-vis de Wittemberg, le prince d'Eckmühl va s'y porter avec 16 bataillons et 3 batteries d'artillerie. 16 autres bataillons lui arrivent par Wesel, ce qui lui fera 2 belles divisions. — Le général Lauriston va placer ses 4 divisions en avant de Magdebourg; le Vice-Roi viendra y joindre ses 3 divisions et la garde. Les 1er et 2e corps de cavalerie vont s'y réunir. Le duc de Bellune avec 12 bataillons du 2e corps gardera la droite entre Magdebourg et Wittemberg. Les Saxons garderont Torgau, et aussitôt que le général Reynier sera obligé d'évacuer Dresde, il se repliera sur la Mulda et ensuite, s'il le fallait, sur les montagnes du Harz, pour couvrir Cassel. Aussitôt que ces dispositions seront commencées, je désire que vous puissiez arriver avec votre garde, les 4 bataillons que vous m'annoncez avoir de disponibles, 16 à 24 pièces de canon et autant de cavalerie que vous pourrez, à trois journées en arrière de l'Elbe, de manière à pouvoir, en deux grandes marches, arriver sur Magdebourg et assister à la bataille, si le Vice-Roi devait être attaqué en avant de cette place. Dans cette position, vous formerez une réserve prête à se porter sur la gauche, si l'ennemi débordait de ce côté ou sur la droite; si l'ennemi passait à Dessau ou serrait de trop près le général Reynier, enfin sur tous les points de votre royaume dont la tranquillité serait troublée. J'ai lieu de penser que le duc d'OEls est déjà dans vos États.

» 28 bataillons des 16 régiments du 1er corps et des 12 du second (les 4e) se réunissent à Wesel et vont se placer à Minden, Osnabruck et Brême. Ils occuperont aussi Hambourg, rétabliront la tranquillité dans cette division, et seront prêts à se porter partout où il sera nécessaire et surtout contre un débarquement.

» Mon ministre vous parlera de votre situation. Je ne me refuse pas à vous donner quelques millions qui peuvent vous être nécessaires; mais avant tout il faut être dans une position simple et claire. Aussitôt que je saurai que vous avez assis les réquisitions nécessaires pour approvisionner Magdebourg et nourrir l'armée du Vice-Roi, et que je n'aurai plus d'inquiétude de ce côté, je ne me refuserai pas à remplacer la perte que vous ferez sur votre contribution foncière, et à vous donner de forts à-compte. Mais votre fausse manière d'envisager toutes ces questions a empêché, jusqu'à présent, de prendre aucun parti. Le comte Daru m'a dit qu'il allait écrire longuement là-dessus à votre ministre. Le duc de Bassano doit aussi lui avoir écrit. Du reste, le corps du prince de la Moskowa couronne les montagnes de la Thuringe; tout est en mouvement; le 2e corps d'observation du Rhin arrive à Mayence, et probablement j'y serai bientôt moi-même. C'est encore un mauvais mois à passer; mais ensuite l'ennemi disparaîtra comme la fumée.

» Trianon, le 14 mars 1813. »

IX

« Mon frère, je donne ordre qu'on vous envoie 500,000 francs en or. Je serai du 20 au 22 à Erfurth, de ma personne, avec 200,000 hommes, indépendamment de l'armée du Vice-Roi. Le général

Vandamme et le prince d'Eckmühl restent dans le Nord pour défendre le royaume de Westphalie et la 32e division militaire. Les 28 bataillons du général Vandamme lui arrivent tous les jours; 28 autres se réunissent à Wesel sous les ordres du général Lemarois, ce qui fait 84 bataillons (y compris ceux du prince d'Eckmühl), qui dans le mois de mai pourront défendre le royaume de Westphalie et la 32e division militaire. Pendant ce temps-là, avec le Vice-Roi et 200,000 hommes que je mène avec moi, j'attaquerai l'ennemi. Envoyez-moi des nouvelles en grand détail de tout ce qui se passe, soit du côté du Vice-Roi, soit du côté de Brême, soit du côté du prince d'Eckmühl, et adressez-moi vos lettres par duplicata sur Erfurth et sur Mayence. Dirigez vos courriers de manière qu'ils me rencontrent. Je compte partir lundi prochain 19 et être dès lors le 21 à Mayence et le 22 sur Eisenach.

» Vous recevrez cette lettre le 14. Ainsi ce que vous m'écrirez le 15, le 16, le 17, le 18, le 19, dirigez-le par duplicata sur Mayence, pour que je reçoive vos nouvelles sans perte de temps. — Je ne puis rien prescrire pour votre corps, parce que je ne sais pas les événements qui arriveront du côté du Vice-Roi. Soutenez le Vice-Roi et le prince d'Eckmühl tant que vous pourrez. Faites-moi connaître en détail où sont toutes vos troupes, afin que si je jugeais convenable de livrer une bataille générale, vous pussiez me joindre avec tout ce que vous auriez de disponible. Je n'ai pas besoin de vous dire que ceci est d'un très grand secret pour vous seul et que personne ne doit s'en douter.

» Saint-Cloud, le 11 avril 1813, à midi. »

X

« Mon frère, je reçois votre lettre du 16 avril et celle du 17 à un heure après midi. — Le duc d'Istrie doit être aujourd'hui à Eisenach ayant sous ses ordres le duc de Raguse et un corps de 50,000 hommes tous Français. Le prince de la Moskowa doit être aujourd'hui à Erfurth avec un corps de 60,000 hommes. Le général Bertrand se met en mouvement de Bamberg pour se porter sur Cobourg avec 60,000 hommes, dont les deux tiers sont Français et un tiers Italiens. J'attends moi-même la nouvelle que ce mouvement soit achevé pour me porter à mes avant-postes. Les dernières lettres du Vice-

Roi sont du 16; il était alors de la gauche à l'Elbe derrière la Saale, et de la droite au Harz. Je donne l'ordre au général Teste de se porter à Marbourg; il commande la 14e division du duc de Raguse, 6e corps. Cette division n'a encore que 2 bataillons; je viens d'y joindre 4 bataillons polonais du général Dombrowski. Ce général sera là en réserve.

» Mayence, le 18 avril 1813. »

XI

« Mon frère, je reçois votre lettre du 18 à midi. Le 17, la division Souham était à Gotha. Le 17 au soir, la division Bonnet était arrivée à Eisenach, avec le général Lefebvre Desnouettes, commandant la cavalerie de ma garde. Je suppose donc que ce corps d'ennemis, qui poussait sur vous, se sera retiré. Je suppose d'ailleurs que vous aurez prévenu directement sur Eisenach de ce mouvement. Toutefois, après avoir reçu votre lettre, j'ai fait partir des officiers pour que les ducs d'Istrie et de Raguse missent du monde sur les derrières de l'ennemi, qui marche sur vous. Je suppose qu'à l'heure qu'il est le prince de la Moskowa est à Erfurth avec la plus grande partie de son corps d'armée; toutes ses divisions marchent sur lui et doivent l'avoir rejoint. Les ducs d'Istrie et de Raguse sont à Eisenach et Gotha. J'ai des nouvelles du général Vandamme du 16, de Brême. Instruisez le Vice-Roi, par les moyens que vous jugerez les plus prompts, de toutes ces nouvelles. Aussitôt que vous serez dégagé du côté d'Erfurth par la présence de toute l'armée, et que tout sera nettoyé entre Erfurth et vous, je pense que vous devez marcher du côté de Hanôvre avec toutes vos forces. Vous ne pouvez pas avoir les 6 bataillonss que vous avez demandés, mais le général Teste aura marché sur Cassel avec les 2 bataillons français qu'il a; quant aux Polonais, ils ont besoin de se remettre. Vous devez bien sentir, dans ce moment, ce que j'ai toujours senti pour vous, l'inconvénient de ne pas avoir à Cassel une garde de 4,000 Français, qu'il vous eût été si facile de former, comme ont fait le roi d'Espagne et le roi de Naples. Sur ce, je prie Dieu qu'il vous ait en sa sainte et digne garde.

» Mayence, le 19 avril 1813. »

XII

« Mon frère, les dernières nouvelles que j'ai d'Eisenach sont du 18. On n'y avait connaissance de la marche d'aucun corps sur vous, et au contraire on m'annonçait que le général Hammerstein se trouvait à Hecligenstadt. Le prince de la Moskowa est arrivé le 17 à Erfurth, et se proposait d'occuper Weimar le 18. Moi-même je me mettrai incessamment en marche. Le Vice-Roi m'écrit, en date du 17, qu'il fait poursuivre les partisans qui avaient passé l'Elbe. La division Wurtembergeoise arrive aujourd'hui à Wurtsbourg. Le général Bertrand, avec 60,000 hommes arrive à Cobourg. 20,000 hommes de ma garde doivent être partis de Fulde ; ils suivent la marche du duc de Raguse. La tête de 20,000 autres arrive dans ce moment à Mayence, et ils seront arrivés dans cinq jours. D'un moment à l'autre je me porterai de ma personne à Eisenach. On dit que vos troupes désertent beaucoup. Faites-moi connaître le vrai de cela et jusqu'à quel point c'est fondé. Faites connaître au général Vandamme que toute l'armée est en mouvement, et que moi-même j'arrive à Weymar.

» Mayence, le 20 avril 1813. »

XIII

« Mon frère, je reçois votre lettre du 19, à midi. Le général Teste n'a que 2 bataillons. Je vois avec plaisir qu'il les ait fait avancer. Je lui donne l'ordre de se porter à Cassel de sa personne. C'est un bon officier. Vous pourrez lui compléter une division avec vos troupes jusqu'à ce que le reste de ses troupes arrive, ce qui ne sera qu'en mai. Je viens de recevoir des lettres d'Eisenach du 18 au soir. La division Bonnet était déjà à Gotha; la division Compans était à Eisenach. L'opinion de ces officiers généraux était qu'il ne se trouvait que des partisans sur leur gauche. Je crains que le général Hammerstein ne voie des fantômes et ne s'en laisse imposer par ses espions. Toutefois j'espère qu'actuellement il aura établi ses communications avec les ducs de Raguse et d'Istrie, qui ont dû être le 19 à Eisenach. Je compte moi-même partir bientôt. Envoyez-moi donc vos dépêches importantes par duplicata sur Mayence, jusqu'à ce que vous appreniez mon départ de Mayence.

» Mayence, le 20 avril 1813. »

XIV

Mon frère, je pars à sept heures du soir pour passer à Francfort après dix heures. Je continuerai ma route sans m'arrêter jusqu'à Erfurth. Je vous verrai avec plaisir aussitôt que votre présence ne sera plus nécessaire à Cassel. Je pense que dans ce moment il pourrait y avoir de l'inconvénient à ce que vous quittiez cette ville; mais aussitôt que l'ennemi sera rejeté sur la rive droite de la Saale et que la rive gauche sera entièrement libre de partis ennemis, je vous verrai avec grand plaisir.

» Mayence, le 24 avril 1813. »

XV

« Mon frère, vous trouverez ci-joint une lettre pour le Vice-Roi; envoyez-la lui en toute diligence.

Si vous n'êtes pas inquiété du côté du Weser, approchez-vous de Arten et de Querfurth avec votre cavalerie, votre infanterie, votre artillerie et la division Teste. Cependant, que cela soit subordonné avant tout à la sûreté de votre royaume. Je porte ce soir mon quartier-général à Weimar. Le prince de la Moskowa, avec 5 divisions, a son quartier-général à Auerstaëdt, occupant Hambourg. Le général Bertrand avec le 4e corps occupe Iéna. Le duc de Reggio avec son corps occupe Saalfeld. Ma garde sera ce soir à Weimar. Le duc de Reggio aura demain son quartier-général à Erfurth. Le général Compans sera ce soir à Weissensée. Si vous pouviez avoir 16 ou 24 pièces de canon, 15 ou 1,800 chevaux et n'importe quelle quantité d'infanterie, tout cela ne pourrait qu'être fort utile. Faites placer également les bataillons de la division Teste, et commandez vous-même ce corps. Envoyez des courriers au général Vandamme pour l'instruire de ce qui se passe; envoyez-en au général Lemarois, et à Paris à la Reine, pour l'informer de tout autant que possible. Donnez ordre à vos préfets de Mulhausen et de Hordhausen de réunir autant de farine et de bœufs qu'il sera possible et de les diriger sur Hambourg pour la nourriture de l'armée.

» Je n'ai pas de nouvelles de vous depuis le 22.

» Erfurth, le 26 avril 1813, à une heure après midi. »

XVI

« Mon frère, je reçois votre lettre du 27, par laquelle vous m'instruisez que vous serez aujourd'hui 28 à Eschwege et demain 29 à Erfurth. Si vous avez quelque inquiétude pour Hanovre, dirigez vos forces de ce côté. Si vous n'avez pas d'inquiétude pour Hanovre, envoyez toutes vos forces qui sont à Nordhausen sur Querfurth, et toutes celles que vous avez du côté de Mulhausen sur Weissensée. Ces deux colonnes se réuniront sur la Saale par les ordres ultérieurs que vous leur donnerez d'Erfurth, et vous pourrez ainsi assister à la tête de toutes vos forces, infanterie, cavalerie et artillerie, y compris votre garde, au mouvement que je vais faire pour jeter l'ennemi de l'autre côté de l'Elbe. Donnez ordre à vos préfets de Mulhausen et de Nordhausen d'expédier sur Naumbourg la plus grande quantité de subsistances qu'il sera possible, des farines, des bœufs et de la viande.

» Erfurth, le 28 avril 1813, à quatre heures du matin. »

XVII

« Mon frère, je reçois votre lettre du 27 avril. Je vous avais écrit ce matin. Mon quartier-général sera aujourd'hui à deux heures après midi à Eckartsberg, point situé près d'Auerstaedt, à six lieues de Weimar et quatre de Naumbourg. Le prince de la Moskowa est à Naumbourg avec tout son corps; le duc de Raguse est campé en avant de Weimar, le général Compans, qui était à Weissensée et à Colléda, va se placer aujourd'hui à la hauteur de Eckartsberg, à quatre lieues de Naumbourg. Le 4e corps est à Iéna, commandé par le général Bertrand; le 12e corps, commandé par le duc de Reggio, doit arriver demain à Saalfeld. Envoyez sur-le-champ un officier au Vice-Roi pour le prévenir de ces nouvelles. J'espère que nos communications se feront aujourd'hui par Naumbourg. Une de mes divisions était hier à Querfurth. Donnez l'ordre au général Hammerstein d'envoyer en poste un officier sur Naumbourg pour m'instruire où il est. Ordonnez-lui de se diriger dans la direction de Naumbourg et de me faire connaître exactement où il se trouve; qu'il envoie des officiers en poste pour communiquer avec le Vice-Roi et que ces officiers viennent m'en rendre compte à Éckartsberg. Envoyez un courrier à Paris à la Reine pour l'instruire que j'ai passé la Saale et des succès du général Sébastiani. Donnez ordre à votre ministre auprès du roi de Saxe de se rendre à Prague auprès de ce monarque, pour observer ce qui se fait. Envoyez un courrier au roi de Wurtemberg pour l'instruire du passage de la Saale et de la bonne situation des choses. Je pense que vous faites bien de rester à Cassel. Si vous avez gardé votre régiment de cavalerie de la garde, envoyez-le-moi; je vous le renverrai aussitôt que je serai sur l'Elbe. Je donne ordre que les 16 bataillons de la division Teste, au fur et à mesure de leur arrivée sur le Mein, se portent sur Cassel, où vous réunirez toute la division. Envoyez-nous des farines et des bœufs sur Naumbourg. Écrivez au prince d'Eckmühl, au général Lemarois et au général Sébastiani pour les instruire de la situation des choses, et quoique je suppose que notre réunion se fera aujourd'hui, cependant jusqu'à ce que je vous aie fait dire qu'elle est faite, instruisez-moi de tout ce que vous apprendrez du Vice-Roi. Envoyez-moi des officiers intelligents, et en poste. Dites au général Lemarois d'envoyer un courrier à l'archi-trésorier à Amsterdam pour lui donner des nouvelles.

» Erfurth, le 28 avril 1813, à onze heures du matin. »

XVIII

« Mon frère, je reçois votre lettre du 29 avril à six heures du matin. Hier à deux heures après midi, le général Souham a rencontré le général russe Lanskoï, qui avait sous ses ordres 6 à 7,000 hommes, infanterie, cavalerie et 12 pièces de canon, l'a attaqué près de Weissenfels, l'a culbuté, lui a pris beaucoup de monde et s'est emparé de Weissenfels. Ce combat n'est remarquable que parce que le général Souham n'avait que de l'infanterie, et que ces jeunes gens ont soutenu les charges de la cavalerie et ont marché sur elle avec une ardeur et un enthousiasme qui permet de tout espérer. A quatre heures après midi, le duc de Tarente est entré à Mersebourg, où étaient 2 à 3,000 Prussiens qui voulaient défendre la ville. Il les a culbutés, a pris un major et des prisonniers, et s'est emparé de la place et du pont.

» Naumbourg, le 30 avril 1813, à dix heures du matin. »

XIX

« Mon frère, votre aide-de-camp m'a trouvé sur le champ de bataille, poursuivant l'ennemi que mon armée a entièrement défait hier. L'empereur de Russie et le roi de Prusse commandaient en personne. Leurs gardes ont été écrasées.

» Je ne comprends rien au retard qu'éprouve le paiement des 500,000 francs. Ils sont compris dans la distribution du mois de mars. Envoyez un courrier au duc de Bassano, qui devrait déjà vous avoir fait payer cette somme.

» Au champ de bataille de Lutzen, le 3 mai 1813. »

XX

« Mon frère, je reçois votre lettre du 14 juin. Je ne trouve pas mauvais, il s'en faut, que dans les circonstances où vous vous trouviez, vous ayez écrit au général Dombrowski et l'ayez détourné de sa route. Vous l'avez fait pour le général Teste, et je l'ai trouvé fort bien, et je le trouverai également bien dans toutes les occasions, puisque vous agissez avec connaissance de cause; mais dans aucun cas je ne saurais trouver bien que vous ayez donné un ordre en mon nom. — Des colonnes mobiles sont en marche de tous côtés pour saisir tout ce qui reste sur la rive gauche de l'Elbe, mon intention n'étant point de la laisser passer. Envoyez les renseignements que vous aurez au duc de Padoue, commandant le 3e corps de cavalerie à Leipzig, et au général Doucet commandant à Erfurth.

» Dresde, le 16 juin 1813. »

XXI

« Mon frère, je reçois votre lettre du 14 juin. Je ne vois pas de difficulté à ce que vous veniez à Dresde. Cependant pour éviter tout cérémonial à la cour de Saxe, il faut y venir incognito.

» Dresde, ce 17 juin 1813. »

XXII

« Mon frère, il est probable que les ennemis dénonceront l'armistice le 11 ou le 12, et qu'à cette époque l'Autriche nous déclarera la guerre. J'ai fait ce qui était possible pour tout concilier ; mais les prétentions de l'Autriche étaient telles qu'elle se croyait en mesure de tout reprendre, même la confédération du Rhin, et même Venise. Ceci doit être encore tenu secret ; je vous l'écris pour votre gouverne. Si l'armistice est dénoncé le 11 ou le 12, les hostilités commenceront le 17 ou le 18. Je ne sais pas si les hommes destinés à former le régiment français à votre service sont arrivés à Cassel, et si vous avez pu les monter et les armer. J'ai ici des forces telles que jespère faire repentir l'Autriche de ses folles prétentions. Il est cependant nécessaire que vous vous teniez sur vos gardes. Je suppose que vous avez un chiffre avec le Major-Général, un avec le duc de Valmy, un avec mon ministre de la guerre, un avec le prince d'Eckmühl, un avec le général Durosnel, gouverneur de Dresde, et un avec le commandant d'Erfurth, afin de pouvoir correspondre avec eux selon les différentes circonstances.

» Dresde, le 9 août 1813. »

XXIII

« Mon frère, l'armistice a été dénoncé hier par l'ennemi, et les hostilités recommenceront le 17. Correspondez avec mon ministre de la guerre et le duc de Valmy pour organiser promptement votre régiment de hussards français. Le ministre de la guerre a ordre de vous envoyer les officiers nécessaires ; mais vous devez aussi désigner vous-même ceux que vous connaissez et qui ne sont pas à l'armée. Je n'ai pas encore la nouvelle que l'Autriche nous ait déclaré la guerre ; mais vous devez calculer là-dessus. J'ai ordonné à un général de partir de Wesel avec 6 bataillons de la 6e division bis, et de se porter à Minden où il formera un corps d'observation qui agira selon les circonstances.

« Votre affectionné frère,

» NAPOLÉON.

» Dresde, le 12 août 1813. »

LETTRES
DU VICE-ROI D'ITALIE
AU ROI DE WESTPHALIE
EN 1813.

LETTRES DU VICE-ROI D'ITALIE

AU ROI DE WESTPHALIE EN 1813 (1).

I

« Sire, j'ai reçu ce matin la lettre que Votre Majesté m'a fait l'honneur de m'écrire pour m'exprimer le désir qu'elle aurait que les deux régiments, restant de son corps d'armée, se rendissent à Magdebourg. Dès qu'il me sera possible de les y renvoyer, je le ferai avec plaisir. Mais je ferai observer à Votre Majesté que cette brigade se trouve en ce moment à Custrin où elle s'est arrêtée, d'après les derniers événements passés sur le Bas-Oder. Ces troupes, d'après les ordres de l'Empereur, se rendaient à Stettin, pour y former un corps d'observation. Je

(1) Nous ajouterons aux lettres de l'Empereur à son frère, trois dépêches du Vice-Roi qui offrent un certain intérêt historique, et sept lettres du Major-Général.

pense que Votre Majesté peut toujours diriger sur Magdebourg les recrues qu'elle veut bien désigner pour ces régiments.

» Je me chargerais de leur assigner une destination ultérieure, si je ne pouvais pas disposer de ces corps suivant l'intention de Votre Majesté.

» Koepniek, le 23 février 1813, au soir.

» *P. S.* Cette lettre a été expédiée hier au soir par erreur, à Votre Majesté, par la voie de l'estafette. Je la remets ce matin, par duplicata, à son courrier. Ce n'est que ce matin que j'ai reçu la *première lettre* qu'elle m'avait écrite. Quand il y aura quelque chose de nouveau, j'aurai soin d'en informer Votre Majesté.

» L'ennemi n'a encore fait passer l'Oder qu'à des partisans. Mais ces partis de cavalerie nous inquiètent beaucoup, vu le manque total où nous sommes de cette arme. Les cantonnements que j'ai fait prendre à l'armée autour de Berlin ont momentanément éloigné l'ennemi de cette capitale. »

II

« Sire, je m'empresse d'informer Votre Majesté que toutes les nouvelles que je reçois annoncent que l'ennemi s'occupe sérieusement du passage de l'Oder sur divers points. Déjà 8,000 chevaux ont passé en face de moi avec de l'artillerie; l'infanterie a commencé hier son passage sur les points de Freyenwalde et de Wrietzen; et le général Wittgenstein était hier, avec 80 pièces d'artillerie, sur la rive droite de l'Oder. Dans ces circonstances, je ne dois pas prolonger davantage mon séjour en Prusse; et quoiqu'il m'en coûte d'abandonner Berlin, le manque total de cavalerie me force à retirer sur l'Elbe les troupes que j'ai avec moi. On ne peut douter à présent que l'ennemi n'effectue un prompt passage en Silésie, et je ne veux pas risquer que le gros de son armée puisse arriver sur l'Elbe et se trouver sur les grandes communications de Leipsick avant moi. Je regrette bien d'être obligé à ce mouvement; mais le retarder, serait compromettre mes troupes, et j'espère trouver en arrière de moi des renforts en cavalerie et artillerie qui nous permettront d'arrêter l'ennemi sur l'Elbe.

» Schönberg, près Berlin, le 3 mars 1813.

» *P. S.* J'allais expédier la présente lettre, Sire, lorsque le courrier de Votre Majesté m'est arrivé. Elle répond aux diverses questions que Votre Majesté m'adresse. Le corps du général Lauriston était déjà en Westphalie et autour de Magdebourg, les principales forces de l'ennemi paraissent d'ailleurs agir par la Silésie sur Dresde, j'ai jugé que la position des troupes était plus convenable vers Leipsick. Je compte donc établir mon quartier-général entre cette ville et Wittemberg, où j'ai fait faire une tête de pont, et que je ferai occuper par ma division.

» 3 mars au soir. »

III

« Sire, j'ai reçu la lettre que Votre Majesté m'a fait l'honneur de m'écrire le 8 courant. J'ai fait les dispositions nécessaires pour défendre l'Elbe depuis Dresde jusqu'à Magdebourg, avec les corps saxons, bavarois, et ceux des généraux Grenier et Lauriston. Le prince d'Eckmühl est parti pour Dresde à l'effet de prendre le commandement de la droite. Quant à la partie de l'Elbe au-dessous de Magdebourg sur laquelle Votre Majesté témoigne des craintes, je dois la prévenir que le général Lauriston y a une division et que le duc de Bellune y marche avec tous les seconds bataillons des 1er et 2e corps, organisés en 2 divisions. Il aura sous ses ordres 560 gendarmes montés : ce n'est pas assez de cavalerie, je ne puis y en envoyer davantage, et je prie Votre Majesté d'y diriger le plus tôt possible celle dont elle pourra disposer.

» L'Empereur a dû écrire à Votre Majesté de diriger une division de ses troupes sur Hawelsberg; je serais fort tranquille sur ma gauche si Votre Majesté pouvait y envoyer promptement cette division.

» Je renouvelle à Votre Majesté l'assurance de tous mes sentiments, de Votre Majesté, le très affectionné neveu.

» EUGÈNE NAPOLÉON.

» Leipsick, le 11 mars 1813. »

LETTRES

D'ALEXANDRE BERTHIER,

AU ROI DE WESTPHALIE EN 1813.

LETTRES D'ALEXANDRE BERTHIER

AU ROI DE WESTPHALIE EN 1813.

I

« Sire, j'ai l'honneur de prévenir Votre Majesté que l'Empereur est arrivé ce soir à neuf heures à Erfurth, en bonne santé.

» Le prince de la Moskowa est en avant de Weimar avec son corps. L'Empereur désire, Sire, que vous veuilliez bien prévenir le Vice-Roi de son arrivée à Erfurth.

» Je présente à Votre Majesté l'hommage de mon respect.

» *Le prince de Neuchatel, major-général,*

» A, Berthier.

» Erfurth, le 25 avril 1813. »

II

« Sire, l'Empereur n'a point encore pris de décision au sujet de la proposition de Votre Majesté. Ne voulant pas retenir plus longtemps son courrier, je le lui réexpédie.

» Nos affaires continuent à aller à merveille. Après la bataille de Hochkirch, l'arrière-garde ennemie fut atteinte et culbutée près de Gorlitz. Notre jeune cavalerie s'est couverte de gloire dans cette affaire. L'ennemi n'a pas tenu à Buntzlau; on le poursuit vivement. Le prince de la Moskowa marche sur Heynau avec les 3e, 5e et 7e corps. Le duc de Bellune et le général Sébastiani marchent sur Sprotau. Les ducs de Tarente et de Raguse, les généraux Bertrand et Latour-Maubourg suivent la direction de Goldberg.

» Je présente à Votre Majesté l'hommage de mon respect.

» *Le prince, vice-connétable major-général,*

» A. Berthier.

» Buntzlau, le 26 mai 1818. »

III

Sire, j'ai l'honneur d'informer Votre Majesté que l'Empereur a donné à M. le général duc de Padoue, commandant le 3e corps de réserve de cavalerie à Leipzig, le commandement d'un corps de réserve de troupes d'infanterie, cavalerie, etc., avec la mission de balayer et assurer toute la rive gauche de l'Elbe, et se porter partout où il serait nécessaire. D'après les ordres de l'Empereur, je lui ai prescrit de correspondre avec Votre Majesté, afin qu'elle puisse, au besoin, le seconder avec ses troupes et lui communiquer les renseignements qu'elle reçoit par sa police.

» Je prie Votre Majesté d'agréer l'hommage de mon respect.

» *Le prince, vice-connétable, major-général,*

» A. Berthier.

» Neumarck, le 3 juin 1813. »

IV

« Sire, l'intention de l'Empereur est que tous les commandants de place français qui sont restés sur la rive gauche de l'Elbe, dans le royaume de Westphalie, rentrent, ainsi que les gendarmes et les garnisons françaises qui pourraient s'y trouver. Sa Majesté ne veut avoir personne à Hall, personne à Halberstadt ni dans aucune autre place, tout doit rejoindre, et ce sera Votre Majesté qui placera dans ses États des garnisons westphaliennes sur les points où elle les jugera nécessaires. Je prie Votre Majesté de vouloir bien faire connaître et exécuter cette disposition; je viens d'écrire au général Doucet à Erfurth, au duc de Padoue à Leipzig, au gouverneur de Magdebourg, et au général Bourcier à Hanôvre, de faire pareillement connaître et exécuter cette disposition dans la partie de la Westphalie qui les avoisine.

» Je prie Votre Majesté d'agréer l'hommage de mon respect.

» *Le prince, vice-connétable, major-général,*

» A. BERTHIER.

» Dresde, le 16 juin 1813. »

V

« Sire, l'Empereur désire que Votre Majesté veuille bien faire donner ses ordres à tous les commandants westphaliens pour qu'ils instruisent le duc de Padoue à Leipzig, et le général Castex qui est sur Plauen de tout ce qu'ils apprendront au sujet des partisans qui peuvent se trouver sur la rive gauche de l'Elbe, attendu que l'intention de l'Empereur est de les tourner, de les désarmer et de les faire prisonniers.

» Je prie Votre Majesté d'agréer l'hommage de mon respect.

» *Le prince, vice-connétable, major-général,*

» A. Berthier.

» Dresde, le 18 juin 1813. »

VI

« Sire, l'Empereur désire connaître ce que Votre Majesté peut faire pour augmenter le corps westphalien qui se trouve à l'armée, afin que Sa Majesté puisse alors réunir les troupes westphaliennes et en former une division ou un corps d'armée.

» Je prie Votre Majesté de vouloir bien me faire donner à cet égard des renseignements. Je désirerais, pour remplir les vues de l'Empereur, pouvoir lui présenter un état qui indiquât les troupes westphaliennes déjà présentes à l'armée, et le détail de celles que Votre Majesté se proposerait d'envoyer encore; cela mettrait l'Empereur à portée de prendre une décision.

» Je prie Votre Majesté d'agréer l'hommage de mon respect.

» *Le prince, vice-connétable, major-général,*

» A. BERTHIER.

» Dresde, le 29 juin 1813. »

VII

« Sire, l'Empereur a pris lecture de la lettre que Votre Majesté m'a fait l'honneur de m'adresser sous la date du 24.

» L'Empereur, Sire, approuve que Votre Majesté réunisse, habille et arme les hommes isolés qui arrivent du côté de Cassel, et qu'elle les mette en subsistance dans sa garde.

» Sa Majesté, Sire, vous recommande les dépôts de cavalerie qu'elle vient de renvoyer à Gotha, à Eisenach, à Langensalza et les environs.

» Quant aux rapports que Votre Majesté a reçus sur la Bavière, l'Empereur me charge de vous faire connaître qu'ils sont controuvés et que Votre Majesté doit s'en méfier ; que Czernichef, loin d'avoir 17,000 hommes, n'en a que 3,600 ; que Walmoden n'a que le tiers de ce qu'on lui suppose, et qu'en général les renseignements que Votre Majesté a reçus sont exagérés.

» Je prie Votre Majesté d'agréer l'hommage de mon profond respect.

» *Pour le prince, major-général,*

» *Le général de division, chef de l'état-major,*

» Comte MONTHYON.

» Dresde, le 27 septembre 1813. »

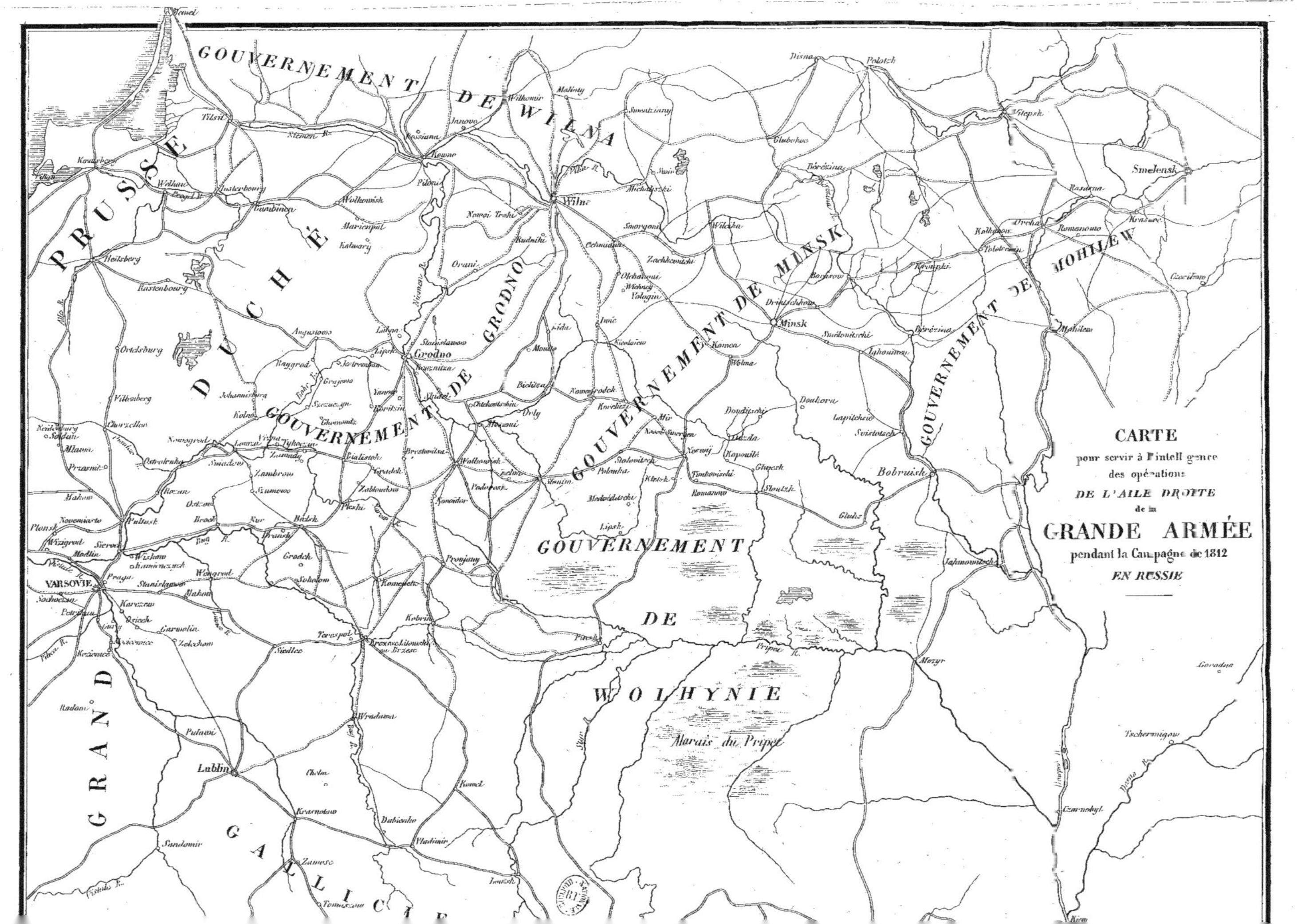
CARTE
pour servir à l'intelligence
des opérations
DE L'AILE DROITE
de la
GRANDE ARMÉE
pendant la Campagne de 1812
EN RUSSIE
PRUSSE
DUCHÉ
GRAND
GALLICIE
GOUVERNEMENT DE WILNA
GOUVERNEMENT DE GRODNO
GOUVERNEMENT DE MINSK
GOUVERNEMENT DE MOHILEW
GOUVERNEMENT DE WOLHYNIE
Marais du Pripet
VARSOVIE
Wilna
Minsk
Grodno
Smolensk
Bobruisk
Lublin

TABLE DES MATIÈRES.

CHAPITRE PREMIER.

CHAPITRE DEUXIÈME.

CHAPITRE TROISIÈME.

CHAPITRE QUATRIÈME.

CHAPITRE CINQUIÈME.

CHAPITRE SIXIÈME.

www.ingramcontent.com/pod-product-compliance
Ingram Content Group UK Ltd.
Pitfield, Milton Keynes, MK11 3LW, UK
UKHW020432200726
13857UKWH00002B/397